「誰かのため」に生きすぎない

精神科医が教える力を抜いて生きるコツ

藤野智哉——著

討好自己就夠了

卓惠娟——譯

目錄

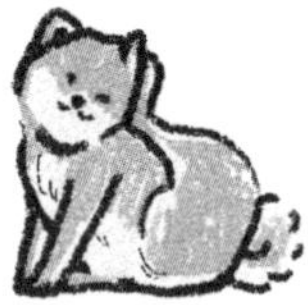

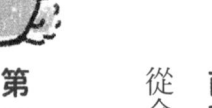

第二章
練習把自己的需求擺在第一

第三章 心有多累，身體都知道

第四章 不逞強、不委屈、不內耗的人際關係

第五章 心有餘力發現更多日常幸福的技巧

前言

從今天起，好好善待自己

由於身心科醫師的身分，讓我有機會接觸到許許多多的人，其中，有件事經常令我感慨萬分：有太多太多人，是為了「某個其他人」而努力。他們能夠細心關懷他人是否過度逞強？會不會太勞累？但不知為何，往往沒有多留意自身的疲憊與辛勞。

當然，努力本身並不是壞事，但我很希望他們能夠如同關懷別人一樣，也注意到自身的疲累與辛苦。比方說，為了孩子和家人而努力的你，是不是總是把自身的事情往後延，沒有注意到你的身心已經發出哀號？或是在公司，為了部下、為了同事，又或者團隊的其他人，拚命貢獻一己之力，結果自己的生活完全亂了套、累到無法喘息，以致假日總是只能昏睡一整天。

另外，家中有年幼孩子、高齡長輩或臥病在床的家人，身為照顧者的人們也是如此。雖然確實得要以需要照顧的家人為生活的中心，但照顧者關懷自己的生活及人生，也是非常重要的一件事。

要是太過疲憊，稍微偷個懶不必有罪惡感；向別人求救、依賴其他人，要他們幫幫忙也無所謂。你可以更加以自己為優先，不需要一肩扛起所有重擔。

或許，有人不是為了某個人，而是為了公司和工作而心力交瘁，之所以會如此，也許是受到經濟拮据、立場處於弱勢等生活不穩定的因素影響。的確，公司和工作讓你因此求得三餐溫飽，讓你可以購買喜歡的物品，確實非常重要也不得不重視，然而，最重要的還是你自己。如果你因為過度全力以赴，導致蠟燭兩頭燒而油盡燈滅，那就本末倒置了。

也許，你認為自己不值得如此，但請仔細思考，是否曾確實感受到自己的價值？

許多人由於過度迎合他人的價值觀或規則，而感到痛苦不堪；他們可能認為，既然作為社會的一分子，就必須配合他人，和諧相處，或者顧慮自己都已經為人母了，應該為孩子忍耐，又或是心想著不要老是漫無目標不做正事，應該努力成為正式員工等等。

現在的你，是否也在不知不覺為了迎合「某個人」訂定的「應該怎麼做」、「要做什麼才會幸福」之類的價值觀或規則，而努力過頭了呢？

活出「為了自己」的人生

從小我們就聽了太多父母或老師的要求，告訴我們應該做什麼、不這樣做就無法幸福，失去了自信，養成只會迎合周遭或社會的期待，形成「我應該要好好去地做」、「人就必須這麼做」的思考慣性。如此一來，就漸漸搞不清楚自己想怎麼做、要怎樣才覺得自在，以及怎樣才覺得幸福。再加上現在這個時代，社群媒體過度發達，使我們更容易看到他人的成就，形成一個動不動就很容易與他人比較的環境。

在這樣的環境中，「做自己就好」的心情很容易因此動搖，一天到晚為了迎合他人打造的價值觀或規則、標準答案而忙得團團轉，就會開始搞不清楚自己的價值觀、想做的事、和自己認為的幸福到底是什麼。

然而，我們來到這個世上，又不是為了符合「某個人」的期待；我們

應該迎合的是自己，而不是哪個誰的價值觀或規則。

更多詳細說明我會在後文介紹，總之，清楚理解什麼是屬於自己的幸福，以及你對什麼事情會覺得自在，是十分重要的。唯有理解由自己所定義的幸福和感覺自在的事情，並且重視它，才是自我放鬆、活得自在的訣竅。記得，你絕對可以：

- **毫無顧忌地去做想做的事情。**
- **重視自己由衷覺得「幸福」的事情。**
- **活得更像自己。**
- **不是為了誰而活，而是活出為了自己的人生。**

——以上這些事情，才是最重要的。

話雖如此，我想多數人都無法乾脆地拋開為了某個誰而活的想法，因此，讓我們試著一點一點地減少為了其他人而做的事情，這麼一來，就等於試著增加自己想做某些事情的時間。

那麼該怎麼做呢？不妨讓過度為了某個人而活的自己，先放慢腳步、放輕鬆——希望你能試著採取這樣的行動。另外，就我個人而言，我也會安排時間去做我想做的事。

我一邊擔任身心科醫師，一邊從事寫作，但也十分重視工作以外的個人生活。因此我在能偷懶的時候，會讓自己偷懶一下，必要時也會依賴、拜託別人的協助。

例如，對我來說打掃家裡比忍受髒亂更有壓力，因此我不打掃；不喜歡洗碗盤，就買了洗碗機，認為自己這樣也很好。這樣的生活態度，與小時候患有心臟病對我造成的影響有關。

努力，真的是件好事嗎？

我在童年時罹患川崎氏症，因此心臟長了冠狀動脈瘤；當時醫師說，無法預估我是否能活到長大成人。那時的我不能劇烈奔跑，也不能運動，被迫放棄的事情不勝枚舉。現在也依然必須持續服藥，也有許多必須受到限制的事項。

也許是因為自己切身感受到人生可能來得比其他人短暫，所以我希望在上天賜予的時間，盡可能隨心所欲去做想做的事。不想受到可有可無的人、不喜歡的人、尤其是討厭的人所說的話擺布，這樣太浪費時間了。

即使對方是我在意的人，只要感覺很痛苦、很難受的時候，我還是希望能以「自己」為優先。我在X（前Twitter）、Voicy等社群媒體上，每天都PO出這樣的訊息。

很多時候，人們是由於太痛苦、太過疲憊，導致心生病了。也許這些人在演變成這個狀況以前，可以透過我在社群媒體的發文、讀我的書，讓自己感到輕鬆一些——我抱著這樣的心情，在社群媒體上持續發文並寫作。撰寫本書的主要目標，是希望能幫助那些為了工作和家庭，在不知不覺中太過拚命的人，以及在人際關係中過度迎合他人的價值觀或規則，容易受到別人影響的人。

如果你覺得似乎過度為了「某個人」而活，希望本書能夠成為讓你停下腳步思考，稍微慰勞一下自己、照顧自己、重視自己的契機。**當腦中想著「要更加油」時，請你思考一下，自己是不是已經過度努力了？**

二〇二三年四月

藤野智哉

第一章

人生的當務之急，就是拋開顧慮好好休息

每天都要讚美自己

找出生活中，每一件「做到了」的小事：
「我刷牙了！好棒！」
「感覺身體很沉重，但沒有擺爛，
我很了不起！」

在這本書裡，希望傳達給大家的是稍稍停止「為了誰」而努力、更加重視自己的方法。不過，在開始之前有一件很重要的事。

現在的你，是不是很疲倦？

是在可以開始新事物的狀態嗎？累的時候，連讀一本書都覺得痛苦對吧？當疲倦的時候，不論要做什麼都很辛苦。

所以，當你感到疲累時，「努力」的定義只需做到「今天也從床上爬起來了，我好厲害！」的程度就可以了。有些人常會認為自己一整天什麼都沒做，因此感到自責，其實大可不必。

說起來，早上起床、洗臉、換衣服、吃飯、搭電車去上班；就算面對討厭的人，也能帶著笑容應對；使用電腦工作——光是做到以上這些事，就已經很努力了。即使不勉強去做新的嘗試，僅只為了改變自己而讀書，也是一種努力。不過，當你覺得疲倦痛苦時，闔起書本去睡覺也沒關係。

由我們自己定義是好是壞

在日常生活中有很多辛苦的事，而其中卻有許多被視作理所當然，但實際上這些都是「很厲害」的事；尤其當你感到疲倦的時候，若還能做到這些被常規視為理所當然的事情，是更加厲害的。換言之，把「成功的標竿」往下移，對自己寬容一點也沒關係。

「今天刷牙了，很棒！」

「對便利商店的店員說了謝謝，我是天才！」

「把孩子平安送到學校！我很厲害！」

或者是在感覺很糟時，拋開一切也沒關係。

「感覺身體很沉重，但沒有擺爛，我很了不起！」

「成功」、「天才」、「棒不棒」、「厲不厲害」的定義，實際上都由我們自己來決定。另外，把目光放在自己的「努力」、認同自己「能做到的事」，也十分重要。例如：

- 早上起床去上班的自己。
- 在期限內完成文件資料的自己。
- 累了一天回到家，好好洗澡、好好睡覺的自己。

以上這樣，不就已經足夠了嗎？能完成這些事情就已經很棒了，不是嗎？每天都這麼努力了，所以你要更加讚美自己，認同自己——不勉強自己去努力、去嘗試新的事情也沒關係。

POINT

不勉強嘗試新的事物也沒關係。

休息，是為了體驗幸福

牢記這一點就好——
當你感到疲憊時，
當務之急就是讓自己「休息」。

任何人都會有痛苦的時候：

「去公司真的好痛苦。」

「完全不想做家事。」

「做任何事都提不起勁。」

當這樣的時刻來臨時，你最應該做的第一件事，就是「休息」。

所謂「幸福」的感覺，很難在忙碌、疲憊的時候感受得到；吃一頓美味的餐點、欣賞漂亮的風景、穿上喜愛的衣服、看到可愛的週邊商品……，能不能感到「我真幸福！」取決於當時自己的身心狀態。

當你感到疲倦時，即使享用了喜愛的食物，也可能覺得「不怎麼好吃」；在疲憊的時候，連觀賞電影的心情都沒了。所以在痛苦的時候，首先，讓自己「休息」是一件很重要的事。

有些人對於沒有生病或看醫生就請假不上班，或無法說明自己有多難受便放棄做家事等等行為，會產生罪惡感，但是，如果明明覺得很難受還勉強工作或做家事，遲早有一天會出問題。所以，請告訴自己：「休息」是最佳選擇，好好休息。

憂鬱狀態是暫時的，不是疾病

有些人因為覺得自己可能罹患「憂鬱症」而前來找我看診，但實際上，一般人常說的憂鬱症和身心科醫師所定義的憂鬱症不同。

憂鬱症指的是接受醫院檢查診斷後的病名，但多數情況下，一般人都是處在「憂鬱狀態」。**「憂鬱狀態」不是病名，而是莫名感到心情沉重的「狀態」，是任何人都有可能短期發生的情況。**例如，失戀或寵物去世等打擊，以致可能會有兩三天睡不好、沒食欲、做任何事都提不勁的狀況，這是「憂鬱狀態」——只要是人，誰都可能會有這樣的狀況。多數情況下，「憂鬱狀態」並不會變成憂鬱症，也就是說，處在「憂鬱狀態」的人，並不是都會惡化為憂鬱症。

無論如何，當陷入「憂鬱狀態」時，最重要的是「休息」。當心靈承載負能量、疲憊不堪時，徹底休息是基本關鍵：好好地吃飯、好好地睡覺，充分休息，身心才能得到妥善的照顧。

只要這麼做，自然就能無病感到幸福，身心也能恢復健康狀態，而這一切，是為了好好接納痛苦前的必要過程。

總之請記得，當你覺得疲倦、難受的時候，先「休息」吧！

POINT

總之，「請先休息」吧！

一直出錯，是身體求助的訊號

如果你發現自己
無法記住電視或書籍的內容，
這可能是疲勞的警訊，
千萬不要忽視。

在上一篇我們提到，感到難受的時候，總之就是先休息，希望每個人都要知道：**愈是難受的時候，以致焦慮、不安而愈無法好好休息的人，其實相當的多。**

例如，許多人因為難受而想跟公司請假時，經常會心想：

「如果今天請假，會給別人添麻煩。」

「我不去公司，工作會停擺，我不能倒下來。」

「雖然很難受，但其他人也一樣很辛苦，我不努力不行。」

被以上這種想法綁架，最後雖然很難受、但還是努力去工作，這樣的情況不勝枚舉。

另外，也有很多要帶孩子又要上班的職業婦女，擔心為了一點小事就請假、會給同事添麻煩，而且也怕別人閒言閒語，說自己為了帶孩子就把工作放一邊，以致不敢請假休息。

由此可見，**多數人不是「好累啊，所以休息吧」，而是「好累啊……可是我要努力」**。然而，沒有休息、在很累的情況下，即使做出種種努力，也不會有好的結果。希望你不要輕忽自己疲憊的訊息、無視自己已經過度努力的訊號。

這些小狀況，是疲勞的警訊！

在日常生活中，有許多地方都可以看出你是否已經疲憊、過度努力的訊號。例如：睡不著、沒食欲、頭昏眼花等，是來自身體的求助訊號；容易煩躁、為了一點小事就流淚等，是情感上的求助訊號；不斷出現失誤、看著電視卻完全不知在演什麼、閱讀書籍也一個字都沒有看進去等狀態，是疲憊、過度努力的訊號。

有很多人不會下廚，所以在我看來，有辦法思考、規畫幾天份的菜單、採買食材、同時做好幾道菜，是很厲害的一件事，不過如果太過疲憊，就可能做不到這些事情。

留意到自己與平日不同的行為，察覺「啊，可能是累了」、「現在可能過度努力了」，是很重要的一件事。對於疲乏、太過努力的自己，你所能做的事情，還是只有「休息」。不要錯過身體或行為所發出的求助訊號，當你注意到這些訊號時，請務必好好休息。

另外，電視看了老半天都不知道看了什麼、讀書也一個字都沒看進去，也是不可忽視的疲勞訊號。

POINT

留意自己與平時不同的行為。

成為自己的神隊友

時不時問問自己：
「我在逞強嗎？」或「是不是累了？」

當「加油」一詞讓你感受到壓力時，就是不該再加油的時候了。雖然也有可能是表達方式的不同或氣氛的關係，但我認為可以把這個感覺視為該不該停下來休息的判斷指標。

不光是「加油」一詞，當你把鼓勵或單純的對話都解讀為負面的意思時，即使實際狀況不允許，應該還是要休息比較好。

有些溫柔的人能關懷他人是不是在硬撐？會不會太勞累？但不知為何，往往沒有多留意自身的疲憊與辛勞。

希望你能夠如同察覺他人的狀態般，也多察覺自己的狀態；希望你成為自己的頭號神隊友。

當事情的進展不如預期、正要自責當時怎麼不這樣做的時候，只要想起你是自己的隊友，就能換個方式告訴自己：「其實我也努力到這個程度了」、「能夠嘗試就很棒了呀」。

要經常把自己當成自己的神隊友，並自問：

「有沒有逞強？」

「是不是太累了？」

「明明不喜歡，但還是有做好表面工夫！」

「雖然我說『OK的』，但其實已經沒力了……」

能像這樣察覺自己正在逞強、已經很累的狀態，就已經大大成功了。

不過度勉強自己的，才是成熟的大人

或許有人認為，**即使覺得不喜歡，還是可以若無其事地應對，才是成熟的大人**。這是騙人的！**不要用這種謊言把自己逼到走投無路**。

當然，你不需要把討厭的態度寫在臉上。舉例來說，當交涉對象對你說了什麼不中聽的話，而你清楚地表現出厭煩的神情時，工作就無法順利推動了不是嗎？不過，如果連下班回到家，受到冷言冷語而感到負面情緒，卻依然要假裝沒事的樣子，一定是在逞強些什麼事。

記得，厭煩的情緒並不是只要忍耐就會自然消失的情感，不但不會消失，還會累積；一旦日積月累之後，很可能就在某個意想不到的時候突然斷裂崩潰。因此，希望你能好好地確認自己，「現在是不是很難受？」、「好像有點逞強吧？」

不管發生什麼事，你至少要把自己的心情當一回事。

POINT

請試著像關懷他人那樣，關懷自己。

列出一張請假休息的理由清單

請抱著「不是偷懶，而是充電」的心情，休假時，不必有罪惡感。

一旦罹患了憂鬱症就很容易請假，因而可能讓人有了「憂鬱症的人經常請假休息」的刻板印象，但實際上恰好相反，反而是「由於沒有在適當的時機休息，才演變成憂鬱症」的情況更多。

之所以如此，是因為很多人都對請假抱持著會給其他人添麻煩、只有自己休息很過意不去、又不是真的生病等等「不可以請假」的想法。如果對於請假有這種想法，請試著**多多找出「必須請假的理由」**。

人們可以找出千百個不能請假的理由，卻除了很明確的「生病」或「有要事」之外，不太想得出必須請假的原因。可以試著想想自己能接受的「休息的理由」，例如：

- 覺得難受的時候勉強工作，效率並不高。
- 為了明天可以在最佳狀態下工作，今天就休息吧！
- 為了孩子著想，「休息」比「過度努力之後崩潰」來得好。

- 就算請假，工作也不至於因此開天窗。
- 多數事情都是船到橋頭自然直，自己的身體健康最重要。

當你覺得「好累……」時，就對自己說出這些「休息理由」。如果能因此幫助你適度地讓自己休息，那就太好了！

創造屬於自己的「放鬆休息短語」

事實上，休息的理由可以更輕鬆、更簡單，不用過於嚴肅，比如：

- **覺得想休息的時候，就是該休息的時候。**
- **休息不是偷懶，而是在儲備能量。**

或者根本不需要理由也可以，只是想要放鬆肩膀的力量、抱著「不管了，我要休息！」的想法也可以。

事先準備好大量「允許自己放鬆休息」的短句，不也很好嗎？想必一定可以在必要時派上用場——覺得難受時，就唸一唸「放鬆休息短語」，先拋開一切休息吧！一定要好好記住這個放鬆方法哦！

POINT

累到筋疲力盡時，想一想你的「放鬆休息短語」。

不需要每件事情都用盡全力

以「明天我將全力以赴！」的積極態度生活，
這樣的人生，不也十分美好嗎？

希望你不是想成為「不眠不休持續努力的人」，而是「為了能夠持續努力而好好休息的人」。為了達到這個目標，當思考要努力去做什麼事情的同時，不妨也思考看看：相對來說，哪些地方可以稍微鬆懈一些？

每個人可以努力的程度，都有其極限，因此類似為了減肥打算上健身房，所以打掃就稍微馬虎一點，像這樣的調整是必要的。就如同「斷捨離」的原則一樣，若是想要買什麼新的商品，就得丟掉不需要的東西；你的任務清單也必須好好地去蕪存菁。

很多人會認定，把行事曆排得滿滿的人比較厲害。也許多數人會因為一整天無所事事而感到沮喪，然而，**把寶貴的時間用來做無意義的事，才是最大的奢侈**——偶爾有這樣奢侈的一日不也很好嗎？

經常有旅人說「只想漫無目的地旅行」，但其實待在家也能「漫無目的」才是最棒的。所以：**明天才能做的事，就留到明天再做！**

在這個社會，許多人會把明天才需要做的事，什麼事情都要趕在今天之內做完。不過，如果明天是世界末日，那些預定明天要完成的討厭任務清單沒做完，不也無所謂嗎？今天勉強自己去做討厭的工作清單，結果明天就死掉了，不是很令人懊惱嗎？

為生活留一點餘裕，好應變突發狀況

抱著「明天再努力」的想法，其實一點也沒關係；每天都懷著「明天開始再全力以赴」的想法，就這樣不知不覺中走到人生盡頭，不也是美好的人生嗎？

平日的業務輕鬆以對，非常時刻再全力以赴；結果沒有發生非常時刻，從不需要全力以赴就結束一生，不也很幸運嗎？雖然經常會被要求全力以赴，但如果不需要全力以赴就能做好，豈不是更棒？

現在是凡事講求節能的時代，我們的人生也採取節能的態度又何妨？要求處處「節能、節能」，卻只有人生得要馬力全開，這不是很奇怪嗎？

更重要的是，開啟人生的節能省電模式、不時刻處在馬力全開的狀態，就能產生「餘裕」。有了這樣的餘裕，一旦發生緊急狀況時，你才能不慌不忙地從容面對。與此相對，平時就卯足全力，如此一來一旦發生出乎預料的緊急狀況，你就已經用盡所有力氣，無以應對了。

總之，若是保有餘裕，就能站在客觀的角度審視自己，這樣才能產生「自己應當處理得來」的悠閒心情，所以，平時先保留一點馬力吧！

POINT

明天才需要做的事，就留到明天再做。

比起留在原地持續受傷，不如逃跑吧！

雙腳是用來逃跑的，
這也是一種前進的方向。

當你告訴某些人：「要是累了就休息吧！」他可能會覺得「似乎一休息就是在偷懶，會有罪惡感」。

沒關係，不論是開始嘗試直接休息或放慢腳步都可以；**為了將來美好的一天，我們必須先把能量儲存起來。**就誠如美國漫畫角色史努比曾說：「我需要充分的休息，以防明天是美好的一天。」（I need plenty of rest, in case tomorrow is a great day.）

不過，儘管休息是個積極正向的行為，但我覺得把休息看作是消極的，也無所謂。

我總覺，太多人認定人們一定要積極向前看了。在我看來，不想往前進的時候，就稍微停下片刻、就算是繞遠路也沒關係。說到底，在某些情況下說向前看，但，誰來決定哪個方向才是「前面」呢？

舉例來說，如果同事對你說：「即使上司講話比較粗暴了些，還是要積極向前看，一起加油吧！」你難道不會心生疑惑？

持續忍受上司的粗暴話語，對同事或上司的話語或指示馬首是瞻、積極看待，反過來看，其實就很容易變成一種是對自己消極後顧、霸凌自我的行為，因此，怎麼做才是積極，應該由你自己來決定。**倘若認為現在面對的方向是前方，那很好、繼續前進，但如果認為逃走的道路才是前方，也沒關係。**

逃避不可恥，而是非常有用

關於「逃避」，也是相同的道理。

「迴避攻擊你的人」、「不看那些不愉快的網路留言」、「離開黑心公司」、「不參加帶來壓力、為了結婚而進行的活動」、「避開習慣操控、強迫孩子接受自己價值觀的父母」……，這些事情難道都是消極的行為嗎？**常有人說雙腳是為了往前邁進而生，但我認為用來逃跑也無妨，因為逃跑的方向對當事人來說就是前方。**

不需要勉強自己一定要積極向前，逃離討厭的場所也沒關係。如果必須忍耐讓你討厭的事物、強顏歡笑才叫和藹可親，那麼這樣的和藹可親，寧可不要。

總之，為了把精力用在你真正在乎的事物上，休息一下絕對無妨，不需要為了討厭的人而拚命忍耐。

POINT

哪個方向才是前面，由你自己決定！

真正的堅強，是懂得自己哪裡脆弱

不是鍛鍊強健的心理，
而是即使心靈脆弱依然可以生存下去；
換言之，重要的是
學會承受壓力與照顧自己的方法。

我曾被人問道：「要怎麼做，才能讓自己變堅強？」

事實上，**我認為最重要的，並不是鍛鍊強健的心理，而是學會承受壓力與照顧自己的方法，讓自己即使不夠堅強也能活下去。**

我們可以透過重訓來鍛鍊肌肉，但心靈無法以同樣的方式來鍛鍊。如果持續給心靈施加壓力，最終只會帶來挫折和沮喪。

近來常有人提到「心理韌性」（resilience）一詞，在心理學領域中意指「具有彈性的復原力量」。以下，讓我們以樹木舉例說明。

當我們提到強韌的大樹時，有可能是指一棵高大粗壯的樹木，但柔軟彈性的樹木也可以是一棵強韌的大樹，因為即便強風吹來，這樣的樹木也有辦法柔軟地彎腰低頭，因此不容易斷裂；這樣的樹木透過枝椏分散了強風吹襲的力道，而這種承受壓力的方式，我認為就是一種韌性。

又比方說，神社境內的神木，往往會以夾板支撐，換言之，這些樹木是運用其他力量來分散重量，以避免斷裂，沒有必要完全靠自己挺住。**人也是相同的，請求他人協助分散自己身上的重擔，也是一種強韌。**

換句話說，所謂讓自己更堅強的方法，其實有很多。不是一味地只有靠自己堅強起來，其他像是了解如何迴避、拜託身邊的人協助，能夠主動說出自己需要幫忙，也十分重要。

無意義的考驗，能免則免

有人主張要鍛鍊自我的心志，也有一些上司濫用職權騷擾，還說「我是為了你好，才說這些嚴厲的話」。

然而，在我看來就算當事人認為自己想要更堅強，也不需要藉由職權騷擾的上司來鍛鍊。所以，即便有人告訴你：「這是你必須通過的考驗！」請務必獨立思考，自己是否真得「有必要」通過這個考驗。或許你必須轉換觀點來思考：「為什麼我必須解決別人出給我的難題？」

與此相對，**若是能迴避試煉難關，選擇其他道路前進，不也很好嗎？**「我只需要這樣就滿足了，我不需要這樣的試煉。」事實上，這樣的應對態度也是可以的。

記得，你只需重視自己人生之中的必要事物，而這種柔軟的選擇取捨，才能讓你的心靈堅強起來。

POINT

要學會「離開麻煩」和「要求協助」的能力。

沒有「好好努力」，真的沒有關係

打破「要好好過生活」的想法，再放輕鬆一點也無妨，再偷懶一些也沒關係。

一旦疲憊不斷地持續累積，將來只要碰到任何一點小事就會讓你煩躁不堪、不知不覺去否定事物，或者重要的事情卻草率處理，如此一來都會產生更不好的結果，因此我總是建議大家盡可能不要過度勞累。

不過，也可以反過來思考，**或許疲憊的時候，是摧毀「必須努力過生活」思維的一個絕佳機會。**

努力過生活並不是一件壞事，但意外地容易變成努力在常識規範下行事、努力注意他人的眼光、努力走在父母舖設好的軌道上等這類遠離幸福的「努力」。所以，當你感到筋疲力盡時，不妨試著去打碎必須全力以赴的思維，好比：

- 每天都洗澡的人，偶爾偷懶不要洗澡。
- 妝容總是要求完美的人，試著素顏出門看看。
- 晾乾的衣物放著不管、不收拾房間就睡覺。

・「我做不來，請幫幫我」，試著在工作上發出求救。

類似以上這樣，**試著停止日常中每件事都要一直努力的狀況**。

也許有些人讀到這裡，會產生一些顧慮，例如要是這麼做，可能會被投以異樣的眼光，或是如果沒有做好，會被認為是個沒用的人。但是，因為這種凡事都要合乎規範、做好做滿，反而束縛住自己的思考習慣，可能出乎意外地是一件很無謂的事情。

分清楚「應該要」和「大家都覺得」

想想看，這世上雖然有人堅持沒化妝的話、打死也不出門，但其實這世上完全素顏就出門的人也比比皆是。不妨嘗試看看，一旦了解到其實也沒什麼大不了的，你原本背負的那些重擔必然能瞬間減輕。

因此，請停止「要好好努力」的想法吧！這樣就可以更放鬆一些；在我看來，能抱著就算再放輕鬆一點也沒關係的想法，才是真正的贏家。

很多人都覺得到了年底，一定要大掃除。但告訴你一個祕密，其實什麼都不做，年也照樣過。

沒有大掃除的人、覺得今年一事無成而焦慮的人、因為年底的氣氛而痛苦的人……，不要被他人決定的「應該」所束縛，就好好地睡一覺吧！一切都不要緊的。當太陽昇起，明年照樣到來。沒錯，即使沒有好好努力，出乎你意料的——也不會有什麼事發生，反而能讓你更放鬆。

POINT

放棄「好好努力」這件事吧！

其實一事無成，也很好

即使覺得什麼都做不了、一事無成，
但好好活著的你，就已經很棒了。

我經常聽到患者對我說：「我連那些日常的、簡單的事都做不到。」好比：

「原本還能好好地刷牙，現在連這件事也做不到。」

「沒心思瀏覽網路社群、也沒辦法回覆 LINE 的訊息。」

「連化妝的力氣都沒了。」

「連洗澡都沒洗，就這樣睡了一整天。」

「什麼事都做不成，只想要消失……」

或許當事人認為自己是一個什麼都做不到的人，但實際上並非如此。

人只要活著，就可以做許多事情——也許沒刷牙，但早上起床時還是滑了手機；或許沒心情化妝，但打開冰箱喝了牛奶；再怎麼心想「想要消失」，但你不是活下來了嗎？和痛苦的心情奮戰，活到了現在。

這些，都是非常厲害的一件事。

在我看來，即使什麼都沒做，一事無成，一整天只是躺著，但好好活著的你，就很棒了。

希望大家都能了解，**單純活著就是一件很了不起的事情**。

學會接納自己，
就是一件很了不起的事情了

這種單純活著的美好，是一種無論自己多麼無能、多麼不堪，都能毫無理由去「愛自己」的感覺吧？這種感覺對於不知不覺就會努力過頭、被其他人影響而無所適從的人來說，是非常重要的一件事。

這種感覺被稱為「自愛」（self-love），是一種愛自己、憐惜自己、原諒自己、認可自己的感覺，而我認為這種「自愛」，也很接近「接納自

己」的感覺。

聽到「請你更重視自愛這件事」、「請你珍愛你自己」，或許有人會覺得，自己這麼差勁，怎麼可能自愛？或是認為完全找不到自己身上有值得認可的地方。

沒關係，即使找不到任何優點也不用在意，因為所謂的「自愛」，並不需要做到某件事，或是比某個人優秀才能去做的事。

所謂的「自愛」，就是單純去愛此時此刻在這裡的自己，真實的自己。就如同父母疼愛他們的嬰兒般，不需要任何條件，你本身的存在就值得被愛，所以請接受原原本本的自己。

希望你能更珍惜這個「自愛」的感受。

如果你始終找不到「自愛」的感受，或許你可以對自己說：

「任何事都做得到，什麼也難不倒我。」

「我做不到這個，也做不到那個，但這樣的我也沒什麼不好的。」持續以這樣的方式，與自己反覆對話、自我肯定，就能輕易瓦解自愛的鴻溝了。

希望你能持續保有這樣的想法，總之，好好去愛原本的自己吧！

POINT

直接去愛原本的自己。

第二章

練習把自己的需求擺在第一

什麼是真正的幸福？

之所以再怎麼努力也不幸福，
也許是因為你還不知道，
什麼才是「屬於你自己的幸福」。

有沒有可能，其實你認為能在家和家人悠哉地度過，才是幸福，卻盡力去迎合一般社會大眾定義的幸福，而勤勉地工作。

或者，其實你真正希望的是飛到海外，四海為家才是幸福，結果為了配合父母所說的幸福，焦慮著是時候該結婚了、而參加婚友社的活動。然後有一天，驀然回首時你突然停下來這麼想：「我已經這麼努力了，為什麼仍無法幸福？」

讀到這裡，你是否也心有戚戚焉呢？

再怎麼拼命努力、再怎麼全力以赴，都無法感到幸福？也許是因為你並不了解什麼是屬於自己的幸福。

為了幸福地活得像自己，有一件極為重要的事，那就是：能夠明白什麼事情對自己而言才是幸福。

若是你不明白自己對什麼事情會感到幸福，只是盡力去符合別人、社會大眾所訂定的幸福標準，就會錯過屬於自己的幸福。

話雖如此，我們總是很難察覺到底什麼是屬於自己的幸福。

自己的幸福標準，不用迎合別人的想法

從小我們就習慣去配合身旁的人，進而缺乏自信，總是陷入自己應該這麼做、做人就必須如何的「應該、必須」思維，而忘了自己想怎麼做和感覺自在的做法。

就這樣，在不知不覺中不斷地配合別人和社會、看不清自己感覺幸福的事，總是做著和自身幸福無關的事，籠罩在一股不幸的氛圍中。

透過閱讀本書，讓這樣的負面循環到此為止吧！

例如，有人認為年收入六百萬以上才覺得幸福，但也有人若能三天吃

一次最愛的水果就覺得太棒了；有些人則是在每天餵貓吃點心的時候最快樂。由此可見，幸福的標準因人而異；換言之，**你的幸福標準和父母或朋友的標準不同，是屬於個人化的東西**。

有些人能自然而然了解屬於個人的幸福，也有人如果沒透過好好去面對自己，就看不清自己的幸福。尤其是太習慣迎合他人、心靈脆弱、容易自我否定的人，有時很難看得清屬於個人的幸福的標準究竟是什麼。

如何打造自己的幸福標準有很多方法，一點一點去尋找、逐漸建立起屬於自己的標準就可以了。

POINT

找到屬於你自己的幸福。

真正的強者，懂得善待自己

所謂的「堅強」並不是要打贏誰，
而是有勇氣退出不必要的戰役。
離開無意義的競爭或不必要的跑道吧！

有人會因為最喜愛的偶像相當有魅力，所以努力減肥。雖然單純因為憧憬或目標而作為自己的努力方向很好，但如果是以覺得瘦不下來的自己太沒用、非得現在就改變為出發點，那麼，這樣還算不算是自我磨練呢？

有沒有可能，**有時雖然是打算自我磨練，卻在不知不覺中太過逞強、太過痛苦而變成苛刻自己了呢？**

覺得一定要瘦下來否則不會被愛，於是採取極端的減肥方式；怕無法融入其他人的話題而勉強買了沒興趣的流行物品；看到其他媽媽友人在IG上傳的便當照片而焦慮不已，所以即便明明沒興趣還是去上了烹飪教室。

如果是自己想做的事也就罷了，但很多情況根本不是。持續那些提不起勁的自我磨練，有時反而會讓心情更焦躁，如果你有這樣的感受，那麼這就不是自我磨練而是自我苛求了。

真正的「自我磨練」是拋開無謂的執著和虛榮，努力於原原本本的目標，不是嗎？**沒有絲毫勉強、自在活著的你，才是最亮麗光彩的你。**

你正在做的事情，是在自我磨練？還是自我苛求？想要認清這一點的關鍵，和你是否在做自己真正想做的事有關。

究竟是不是你真正想做的事？抑或是被周遭影響而隨波逐流？又或只是單純想做而已？為了幫助各位深入了解這一點，請思考以下兩個問題：

- **對你而言，什麼才是最重要的？**
- **什麼時刻感覺幸福？**

了解在你的心中哪些是絕不會退讓的事物、重要的事物是什麼，是極為重要的關鍵。此外，清楚知道在做什麼事情時會感覺到自己好幸福也很重要，而不是模糊地有好像很幸福的感受。如果分不清楚這個感覺，不論做什麼、在哪裡，都難以感到滿足。

你不需要「比」別人幸福

在社群媒體上拾獲、蒐集再多充滿幸福的東西，如果對你而言是多餘不需要的，也很難感受到幸福吧？

現在的時代，因為社群媒體資訊量多到爆炸，看到別人幸福的機會增加，進而使得無意義的競爭變得非常非常的多。

不過，**我所認為的強者，不是打贏別人，而是有勇氣退出不必要的競爭。**所以，拋開無謂的裝腔作勢或退出不需要的競賽吧！然後找出對自己而言很重要、讓自己感到幸福的事物。上面提出的兩個事物，請你誠實面對自我、深入思考，可能的話，不妨寫在筆記或日記上。

書寫能讓你整理內心深處的想法，事後也方便回顧再度確認。此外，書寫也能讓你在忍不住想要和別人比較或競爭時，成為參考工具，確認對你而言重要的價值與幸福是什麼。

在澡盆裡放進入浴劑泡澡、帶狗狗散步、在公園野餐、和少數朋友喝幾杯、來一趟溫泉旅行、穿上舒適的貼身衣物……，再小的事情都沒關係，重點是，找到並了解屬於自己、真正重要與幸福的事情是什麼。

記得，不與他人相比、不去欣羨某個人，知道「對我來說，這才是幸福這件事」，無比的重要。

POINT

試著梳理並寫下對你而言重要、幸福的事情是什麼。

● 對你而言，什麼才是重要的？

● 在什麼時刻，你感覺到幸福？

每個人都有資格擁有幸福

只要能發自內心接受自己，
並感到幸福，你就是人生贏家。
拋開貶低自己的壞習慣！

嘴上說著希望能幸福，但內心深處卻懷著認為自己不配的不安感，以致在下意識中選擇不幸福的人，其實意外的多。

讓過去就留在過去吧！為了自己的將來，何不換一個思考方式呢？

我擁有幸福的權利。

即使一事無成，即使我充滿了缺陷，我仍有權利保有真實的自我，並獲得幸福。衷心接受自己能夠幸福這件事，你就是贏家。

當然，因為以往你常會選擇不幸，或許很難立刻轉換思維。沒關係，改變總是需要時間，不要著急，在此，我只是想要強調一點：或許你在下意識中選擇不幸的道路。

此外，容易選擇不幸的人，也經常會把一句話掛在嘴上，那就是「像我這種人……」，例如：

「像我這種人，怎麼可能想做什麼就做什麼。」

「像我這種人，不可能找到理想的另一半。」

「像我這種人，工作能力不可能得到認可。」

希望你現在就和「像我這種人」這句話告別。如果你不認同自己、不原諒自己，你就無法獲得幸福。

把自己當成「需要被鼓勵的朋友」

在我看來，「像我這種人……」這句話，單純是思考上的壞習慣，實際上並沒有確實的依據，只是不知為什麼莫名抱著這樣的想法。

所以，拋開妄自菲薄的壞習慣，好好地正視自己的優點吧！

正視自己的優點說起來容易，但其實做起來很難。我建議大家，試著把自己當成某位最好的朋友。眼前是你最好的朋友（也就是你自己），他感到很沮喪，「像我這種人，不管做什麼都不行⋯⋯」。這時，你應該會想對這位好朋友說這些話吧！

「怎麼會呢？光是認真來上班就很厲害了喲！」

「你會傾聽心情低落的人心事，你非常溫柔呀。」

「之前你做給我吃的菜，超級好吃的！你是料理天才！」

「你很棒，千萬別說什麼『像我這種人』。」

有沒有發現？其實你有很多自己都沒注意到的一面。希望你能好好注意這些優點，藉此拋開貶低自己的壞習慣。

POINT

把自己視作最好的朋友，好好發掘自己的優點。

工作，不是人生的全部

對你而言，
「工作」在「生活重要事項」中，
排第幾名呢？
工作不會是第一，你才是最重要的！

有位總是認真埋頭苦幹的人告訴我，某天他突然感到好累好辛苦，於是請假了，但總覺得很不像自己會做的事。

「不像自己」這句話，背後其實隱藏了「自己＝公司」或「自己＝工作」的思考謬誤。當你遇到這種情況時，我建議不妨問問自己以下這個問題：**對你而言，「工作」在「重要事項排行榜」中，排第幾名？**

在人生中，重要的事項應該有「健康」、「家人」、「戀人」等許多不同的項目，而「工作」對你來說，是否比這些項目都來得重要呢？

一談到工作，或許就會覺得似乎比什麼都重要。沒錯，實際上也確實很重要，因為有了工作，我們才能三餐溫飽、能夠有棲身之處。但是，**工作會重要到讓身心都崩塌，也無所謂嗎？**

說到底就是因為一直逞強，才會累到不得不請假休息。既然如此，收入稍微少一點、不要逞強、能夠長久持續的工作，才更重要吧？為此，當你工作到很痛苦卻不能休息時自然不必說，**我希望你能在這樣的情況發生以前，就先想一想對自己而言的重要事項有哪些；**甚至進一步寫下來，列出一個排行榜也不錯。

用「重要事項排行榜」，找回生活的平衡

在製作「重要事項排行榜」時，可以先從以下這三個問題開始思考：

- **對你而言，最重要的事情是什麼？**
- **工作排在第幾名？**
- **工作真的重要到那個程度嗎？**

一邊思考這些事，一邊寫下來之後，是否會開始懷疑為了工作把自己的身心搞壞，是件多麼愚不可及又沒意義的事呢？

話雖如此，即使覺得工作好痛苦，但要自己調整工作量也有難處，對吧？很多時候上面有主管，你不知道哪個部分可以稍微偷懶一下；又或者工作上自己能全權控制的部分也很少。

若是工作漸漸繁重起來，但又不能自己決定少做一點的時候，不妨想想在工作以外的事情，有沒有簡化的辦法？例如：

- 平日不下廚，選擇外食或在超市買現成的配菜。
- 利用投幣式洗衣機來洗衣服。
- 累的時候沖澡就好，不用泡澡。
- 一個星期打掃房間一次就夠了。

也就是說，你可以找找看有沒有自己能「稍微偷個懶」的地方。**在這些能偷懶、鬆懈的地方稍微偷個懶，稍微縱容一下自己。**然後，在工作忙到昏天暗地時，多多偷懶一下，也沒關係。

當然，如果真的真的很痛苦，你可以換工作、暫時不要工作也沒關係。總之，最重要的就是「不要逞強」。**記得人生之中，最重要的永遠不會是工作，而是你自己。**

POINT

仔細想想，對你而言，人生中最重要的事情是什麼？

● 人生中的重要事項排行榜

第 1 名

....

第 2 名

....

第 3 名

....

第 4 名

....

第 5 名

....

不是努力就會成功

在能力所及之內努力即可。
你有屬於自己的康莊大道，
只有自己才能抵達終點的那條跑道。

許多人對自我的要求過高，因而感到很痛苦——人們往往會嚴格地要求自己。每當我提出這個觀點時，總有許多人回覆說，因為上司要求很嚴格、社會競爭很嚴酷、周圍的人對自己有很高的期望等等。

的確，這也是事實。舉個例子來說，當我們犯了一個小小的失誤，受到上司責備時，對自己過分嚴格的人可能會因而沮喪，自責竟然犯了這種錯而挨罵，覺得自己真是沒用；而對自我要求沒那麼嚴格的人，則可能會認為上司只是很愛吹毛求疵，任何一個小細節都要碎念，以及他一到傍晚就心情不好，因而不會放在心上。

又例如，對自己的單身狀態很在意的人，可能會擔心到了這個年紀還不結婚，會不會被別人懷疑有什麼問題而感到焦慮；反之對自己不那麼嚴格的人，則或許會覺得緣分未到，這也是沒辦法的事，並不會放在心上。

或許你認為，是周遭的人或環境要求過高，但實際上，卻是你嚴格地把自己逼到絕境，訂出最高的期待，並且經常自責、陷入沮喪，這些往往也都是因為你對自己要求過高所造成的。要改變這個狀況，請先從承認自己不是萬能超人開始。

不斷與他人比較，只會陷入無效努力的循環

人們總是很容易自責「做不到，是因為沒有努力」、「因為不夠努力，才會這麼沒用」，但其實人總有極限，若不去接受這個事實，就會掉進這個不斷譴責自己不夠努力、必須更加油的負面循環。

然而，本來就沒有只要努力、就一定會成功這種事。

話雖如此，我並不是在否定「努力」這件事。在可以做到的範圍努力，去做能力範圍內的事情就很棒了；有上進心是件好事，以能做到的範

圍為目標，全力以赴雖然很好，但和超越能力的範圍相比，試圖取得非現實的獎盃反而不必要，甚至這樣的上進心不要也罷。

現在社群媒體上有太多傑出、優秀、好看的人公開發文，讓我們感到憧憬，這樣的憧憬沒有什麼不好，但若把他們視為自己的目標或努力的方向，只會因此痛苦不堪。這些成功人士並不在你要前進的方向，而是位在到達不了的某個遠方。我想說的並不是「再怎麼努力，也不可能變成那個人」的負面想法，而是**你有屬於你自己的康莊大道，只有你才能到達的道路**。所以，何不停止去和自己全然無關的比較，自我傷害、折磨自己？

希望你能停止與他人比較，好好走在屬於自己的道路上即可。

POINT

承認自己不是萬能超人。

轉念之後，整個世界都不一樣了

覺得這個人「吵死了」，還是「好有活力」，會改變你的世界。

當有人對你說「加油！」時，你有什麼感覺？

如果是認為對方對自己有所期待、要加油的話倒還好，若是朝負面的方向思考，覺得壓力好大、或懷疑自己是不是沒做好的話，可能就要注意一下了。換言之，同樣一句話，以什麼樣的方式解讀，可以在某種程度上了解自己現在的狀態如何。

當你把「他人的獲益」視作「自己的損失」時，可能就是你感到不滿足的徵兆之一。也就是說，當一個人認知偏向負面時，很可能就是處在一個不好的身心狀態。

所謂的認知，可以說是認識、理解發生的事情、資訊，為此這樣的認知可能因人而異。說得更直接一點，即使是同一個人，也可能因為當下的狀況不同而改變認知。

不論做什麼事似乎都很開心，看起來很幸福的人，其實並不是活在一個特別的世界。以非常簡化的方式來說，**「幸福」存在於世上的每個地方，端看你是去尋找幸福，還是一直在尋找不幸。**

即使看著相同的景色，有些人覺得幸福，但也有人完全無感；我想這是接受態度不同的緣故。因此，只要改變「認知」或「接受方式」，世界看起來就會完全不同，也就更能輕易感受到幸福。

改變「認知」或「接受方式」，在心理學中被稱為「重新框架」（reframing）。此外，「重新框架」也常用於指「改變措辭」，也就是以正向的措辭去表現同一件事。

舉個例子來說，當你覺得你面對的這個人「吵死了」的時候，可以換個說法，以「真有活力」表達。當你把這種做法擴大到思考方式或對事物的看法時，亦即透過正面認知，你的世界就會改變。

懂得獨立思考，就不會被主觀成見牽著走

在電車上看到孩子吵鬧的景象，有人會氣沖沖地覺得爸媽沒教好，但也有人會露出笑臉，覺得孩子們真活潑，好可愛！

上司突然交辦工作時，有些人會覺得鬱悶、怎麼又多了工作，但也有人會想到拚命工作後的那杯酒，喝起來特別讚。

由此可見，面對相同的情況，每個人的接受方式都不盡相同。和別人不一樣也無所謂，不一樣是當然的，但如果總是覺得好痛苦的話，不妨檢視一下自己的認知如何。

覺得在這世界活得好艱難，進而決定觀看世界的方式、理解的方式，其實都源自於自己。**為此，若能夠改變自己的認知，很多事就能變得更加**

輕鬆。

比方說，當你覺得朋友好少、好可憐時，可以反問自己，為什麼會這樣覺得？思考之後，或許會得到這樣的答案：

「我確實朋友很少，但是和朋友在一起的時間都非常快樂。所以，我並不覺得不幸。」

「這個世界上，也有很多朋友很少、但過得很幸福快樂的人。」

透過這樣的方式，思考自己對於「朋友少的人很可憐」的認知時，應該就能發現這其實是自己的主觀成見。

有時這些主觀成見，並不是自己實際的感受，而是周圍的人或社會上一般的情感或想法，擅自進入你的內心。

例如，學生時代和同學聊天時，有時會談到相關的話題；在媒體上，有時常散播著朋友多的人生才多彩多姿的訊息；或是有意無意間，全盤照收了其他人的想法。

對原有的認知抱持懷疑，並逐漸抽絲剝繭去理解其中的真偽，就能改變你的既有認知，這麼一來，你就能發現其實自己很幸福。

POINT

分清楚哪些是自己的認知？哪些是別人的想法？

對每一個「應該」抱持懷疑的態度

覺察自己「應該如何」的思考模式，對自己和對別人都不要有過高的期待。

這裡再多談一些有關「認知」的想法。一直持續偏頗的認知，會養成思考上的壞習慣，所以必須多加注意。**不好的思考習慣就和認知偏差一樣，有幾個特徵，而光是知道這點，就可以產生很大的改變**；光是理解有這種思考偏誤的知識，一個人就會發生變化。不良的思考習慣之一，就是「應該如何」的思考模式。

舉例來說，社會上有許多「應該」的想法：女性「應該」結婚生子、「應該」要聽從上司的指示、父母「應該」要為了孩子犧牲、人「應該」要努力向上等。

如果是發自內心認為想結婚、想生小孩，或是自願對上司的指示照單全收，那也就罷了，但實際上很多時候我們只是受到旁人的價值觀所影響。然而，我們卻被「應該」的想法束縛，著急著不結婚不行、不生小孩不行；或煩惱著自己能否一直在嚴厲的主管底下工作？是不是該換工作？

但能找到其他工作嗎？**因此，我希望你能養成一個習慣，時時對自己的「應該思維」抱持懷疑的態度。**

比方說，問問自己：「雖然經常有人說應該要結婚，但我真的想結婚嗎？」或者「也許應該要服從上司，但這麼吃力的工作也應該忍耐嗎？」

這麼一來，你就能發現在「應該如何」思考模式的背後，真正的想法會是比較想成為在工作上有所表現、能夠獨立自主，以及認為自己的身心健康比上司的指令更重要。

別擅自把期待套在他人身上

這樣的「應該如何」思考模式，不僅是針對自己，也要注意是不是也把這樣的想法強加在對方身上。

對他人感到煩躁不安、覺得失望的時候，也可能是因為把自己的「應該如何」思考模式，在不知不覺間強行放在他人身上，賦予了「期待」。然而，就如同你未必能一一滿足他人的期待般，他人也未必能任何事都如你預期的行動。

所以，我們自己也要質疑是否把「應該如何」套用在他人身上了，並盡可能減少這種情況發生。同時，為了從「應該如何」的思考模式中獲得自由，不妨盡可能避免使用「應該～」的詞彙吧！

POINT

試著去質疑內心的「應該如何」思考模式。

不好的事情，總是會被過度放大

盡可能不使用「每次」與「絕對」，這樣與人交談會更加順暢。

除了「應該」，也希望你盡可能不要使用的詞彙還有：**「每次」**、**「絕對」**、**「百分之百」**。舉例來說，你會不會說出如下的話語呢？

「這種時候我『每次』都會失敗。」

「『絕對』不可能順利。」

「『百分之百』是我的錯。」

明明只是發生過幾次的事，卻講得好像每一次都會發生，在心理學上這樣的認知，被稱為「過度類化」（overgeneralization）。

事實上，或許下次就會成功，又或是換作其他事項就能順利，卻斷定絕對都不會順利的，這實在不能算是正確的認知，甚至可以說是一種認知扭曲。

失敗的時候，一旦認為「我每次都無法順利」，就是一種讓自己沮喪、貶低自己真是沒用的根源。

難道真的是「每次」嗎？其實也有順利完成的時候，不是嗎？當你覺得每次都不順利的時候，請你試著反問自己真的是這樣嗎？然後試著去回想順利成功的經驗，即使只是小小的成功也完全沒關係。因為這麼一來，就不再是「每次」了。

斬釘截鐵的措辭，會破壞人與人之間的關係

與人相處時，最好也別使用「每次」或「絕對」的用詞。

例如，對伴侶說「你每次都這樣！」，其實並不妥當，因為可能並不是十次當中十次都這樣；就算是十次當中有十次是這樣，也許下一回的第十一次會不一樣。即使對方心裡也覺得很抱歉，但也可能因而想要反駁

「不是每次吧？」，進而陷入爭吵的模式。

又例如，當你對朋友說了什麼，而朋友回你「我就知道你絕對會這麼說」，有時是不是會令你覺得很火大，「你又知道我什麼了？你怎麼能說絕對？」

總之，不論是對自己或他人，都希望你不是過度篤定「每次」、「絕對」、「百分之百」，而是針對每一次發生的狀況，各自獨立去判斷。

POINT

記住順利、成功、正向的事件和經驗。

九成的焦慮不安，都是心魔

你的焦慮多數都不會成真，
因為，你並非預言大師。

你認為幸福最大的敵人是什麼呢？那就是「焦慮」。不論你現在處於多麼幸福的情況，如果總是充滿焦慮，就無法擁有「幸福感」，不是嗎？而這樣的「焦慮」，很多時候都源自於認知扭曲的影響。

「將來可能會因為孤獨而痛苦，很擔心一直單身怎麼辦？」

「生病請假的話，擔心以後窮困潦倒。」

經常聽到有人會對這些事感到擔憂，但**基本上這些都是杞人憂天；你擔心的事幾乎都不會發生，因為，你又不是預言家。**

「如果單身將一生孤獨」、「要是請假不去上班，以後會落得窮困潦倒」，這些擔憂是事實嗎？

有些人認為單身＝孤獨，但也有人認為單身＝自由，換言之，同樣一件事有多種解讀。所以認為人們有各種不同認知的偏差又何妨？我們實在沒有必要過分煩惱該如何矯正，也或許正因如此，近年來「認知偏差」一詞已被盡量少用了。

了解到每個人都可能有認知上的偏差，只要稍微冷靜下來，客觀地檢視想法，發現自己似乎很容易杞人憂天，這樣就可以了。

你擔心的事情，真的會發生嗎？

此外，也可以回顧一下以往擔心的事情，是否真的發生？過去你可能有許多焦慮，煩惱著「怎麼辦？完蛋了」的時候，結果並沒有如你擔憂的，也活到現在了。所以，就算你心想「完蛋了！」的時候，其實並沒有真的完蛋了。另外一個做法是，建議你想一想真正發生的機率。例如，在公司犯了一個很大的疏失時，想一想之後可能發生的各種狀況的機率：

- 為了彌補錯誤需要加班↓九十五％

- 被上司破口大罵↓七十％
- 影響年終獎金↓六十％
- 突然被開除↓五％

覺得如何？你最擔心的「可能會被開除」其實只有五％，也就是：幾乎都不會發生。由此可見，很多時候大家擔心的、焦慮的都是「未來的未知」，而未知意味著不確定因素太多，所以才會感到焦慮不安。那麼，只要具體思考並掌握現在究竟是什麼樣的狀況，往往就能化解憂慮、平靜下來，不是嗎？

POINT

思考「擔憂的狀況」實際成真的機率如何，就能減少焦慮了。

會有情緒是很正常的

抱著讓其他人來配合自己的心情，
會讓你活起來更輕鬆自在。

想以幸福的心情度過每一天，重要的是「保持餘裕」。即使置身於相同狀況，少了餘裕，身心感受就會截然不同。

例如，同樣是同事提醒你衣服有髒點，平時會向對方道謝，但若是缺乏餘裕時，就可能會不悅地心想這不需要在大家的面前說吧？換言之，**一旦心有餘裕時，很多事情都不再是問題。**

雖然有很多情況讓人缺乏餘裕，但其中一項就是過度在意他人眼光。

「一直單身的話，不知會被旁人說得多難聽？」

「沒有成為正式員工，可能難以得到社會認同吧？」

你是否正因為這些既定觀念，導致內心缺乏餘裕呢？

這時，我認為不妨抱著讓社會來配合自己的心情，來創造內心的餘裕。實際上，社會未必會迎合我們，但我們不去適應社會也可以，更重要的是保持真實的自己。

坦然接受所有湧現於心中的情緒

「任性」一詞，指的是「任憑自己的性情」。有時人們說「那個人真是任性」，聽起來似乎是一句批評指責，但我覺得有時「任性」一詞，被批評得有些過了頭。

在我看來，能夠一直任性而活，其實是一件很棒的事。很多人小時候可能都被罵過不要那麼任性，這也是為什麼多數人當然都會對任性留下負面印象，但我認為這並非壞事，問題在於如何表現。

舉例來說，因為想買糖果而賴皮躺在超市地板上，這當然不是好事，但是想吃糖果這件事本身並非壞事。同樣的，因為疲憊而想請假的心情並非壞事，反之「我快累死了，你替我做吧」，這種將責任推卸給他人的方式，才會被認為是不恰當的。

所以，你不需要壓抑自然湧現的情感、你可以盡量任性。

接受「我現在好想吃零食」、「我好累不想工作」這些任性的心情，然後回家時就去便利商店買個零食來吃，坦率地實現任性的想法；或是由於明天工作不能開天窗，等下星期工作告一段落再請假，好好休息，像這樣在可能的範圍內實現自己的願望也很好。

總的來說，人類的情感是自然而然湧現的，越是壓抑反而越難受，所以最好是接受它。這樣的情感沒有好壞之分，要用什麼方法來表現這種情感，這才是關鍵。

POINT

坦然接受自然浮現於內心的情感。

討厭的人事物，不值得你花心思

不要浪費時間在討厭的人身上，
你的時間很寶貴。

假設你可以活到八十歲，那麼你被賦予的生命時間就是八十年，而這八十年可以視為你的一生——**換句話說，時間就是「命」**。

因此，不論是煩惱不已的兩小時、逞強加班的兩小時，或是和朋友歡樂共度的兩小時，都是相同，也都會削減你兩小時的生命時間。

這也是為什麼我們會想要決定事情的優先順序，因為，我們不希望白白浪費寶貴的時間。

當然，也許你無法立刻決定優先順位。相信一定有人覺得無論什麼事情都很重要，包括：工作上的責任很重、上司的要求很嚴格、累到週末筋疲力盡、無法有與家人盡興相處的時間……，根本完全無法思考事情的先後順序。

然而，若是你現在生命有限，還會採取相同的行動嗎？

我想，一定不會吧？

生命只有一回，只有自己的時間最珍貴

我因為患有心臟病以及從事醫師工作，因而感受到「人隨時可能死亡」的心情比一般人更加強烈。

因此，對我來說把時間用來思考和討厭的人有關的事，連一分鐘都覺得浪費，所以任何時候我都盡可能不去思考討厭的人的事情。

去思考不喜歡、討厭的人的舉動代表什麼意思，想著他們竟然做出這麼過分的事情，不覺得真的很浪費時間嗎？

切記，永遠不應該把你寶貴的時間浪費在討厭的人身上。

當然，為了討厭的人而做什麼，是更討厭的一件事對吧？相較之下，我們要把時間用在更重要的事情上——這樣想想看會更好。

「若是明天就會死，你會如何安排今天的行程計劃呢？」

只要試著這麼去想，或許就能看清在人生中對你來說真正必要的東西是什麼了。

POINT

想想看：「若明天就會離開人世，什麼對你來說最重要？」

別用他人的標準要求自己

雖然大家都認為
「每天工作八小時，每週工作五天」
很正常，但能輕鬆做到的人，
其實比想像中的少很多。

曾有人對我說，他只不過是正常工作而已，又沒加班，就已經筋疲力竭了，覺得自己真是沒用。我完全不認同這種說法，反而常覺得這樣已經很了不起了。

「一星期工作五天，每天工作八小時」，似乎被認為很普通、很正常，但能夠習以為常、徹底做到的人，其實比想像中的少得多。

每個人各自的能力範圍不同，但人們往往會用普通、正常的標準，來衡量自己的能力。

有人可以全職工作，夜裡照樣玩通宵，但也有人一定要在家悠閒地依照自己的步調過活才行。

換言之，明明自己的能力範圍較小，卻硬要和其他人相比，然後想著「我都做不到，真是沒用」，這樣才是白費工夫。

因此，首先是不需要非把自己的能力百分之百的耗盡，而是要先了解自己的能力範圍有多少、究竟有多少體力。

針對這一點，我經常建議大家製作自己的痛苦指數表。

將感到痛苦的事情「量化」，找到自我極限

就像電池容量般，設定出自己的容量（能力範圍）界限，例如「當我做不到這件事，離斷電前還有四十％」。

比方說，「覺得洗澡很麻煩時，痛苦指數大概是六十％」、「連最愛的漫畫都覺得無趣時，大概累積了八十％的疲勞」。

現在，看看以下這幾個項目，對你來說這些事情的「痛苦指數」，大概是多少呢？

□早上起床時，覺得心情很沉重（痛苦指數二十％）

□對社群媒體上引人關注的網紅感到煩躁（痛苦指數四十%）
□一天到晚吃超商便當（痛苦指數七十%）
□生理期快來之前，十分煩躁（痛苦指數五十%）
□懶得洗澡（痛苦指數六十%）
□現在就想辭職（痛苦指數九十%）

試著寫下「痛苦指數表」，將「痛苦」量化，就能先了解自己的極限在哪裡，然後根據痛苦指數表，決定「放棄的標準」，以免身心徹底崩潰。例如，對你來說無意義的飲酒聚餐、週末的邀約、下班後的進修、親手做便當等，都是可以當身心感到痛苦時「不做的事」。

訂出自己的放棄標準，例如「痛苦指數到了六十%時，就拒絕邀約，要悠閒度過週末」、「痛苦指數到了八十%，就請特休吧！」諸如此類。

● 痛苦指數表

□	痛苦指數 %
□	痛苦指數 %
□	痛苦指數 %
□	痛苦指數 %
□	痛苦指數 %
□	痛苦指數 %

盡可能像這樣自我控制，就能避免超過自己的極限，預防身心崩潰。記得，每個人都有自己的能力範圍，而要知道自己的能力範圍到哪，就是先決定好痛苦指數和放棄的標準。

如果沒有設定明確的界限，只是不知為何去做，隨波逐流，有時就會超過自我身心的極限而崩潰，千萬不要小看這一點。

POINT

不要被一般情況給綁架，在自己的能力範圍之內做好即可。

設定放棄標準

第三章

心有多累，身體都知道

用放鬆身體來調整心情

只要好好放鬆身體，
接著，心理也會放鬆下來。

在第二章，我談了有關如何了解自己，以及思考有關屬於你的幸福的課題。不過，讀到這裡或許有許多人煩惱著：

「突然要我去了解我自己，也不知怎麼著手。」

「能感覺自己幸福的事情究竟在哪裡？」

當然，透過在腦中思考或試著寫下來去發現，都是很好的方法，但有時直接去試、去體驗，也是不錯的方式；甚至有時候試著去做之後，會有意外的發現。好比，有些人覺得吃拉麵很幸福，而有些人則是吃蛋糕，但是，若不試著吃吃看，你不會知道自己究竟是吃哪一種食物，才會有幸福的感覺。

也就是說，單憑在腦中思考卻始終找不出答案的時候，不妨藉由「身體」或「感覺」去了解，也是一個很好的方法，所以，在這一章我想談一談透過感覺或身體去了解自己的方法。

沒有必要全部都試，當有想試試看的念頭時再做就好，用自己舒服的感覺去嘗試就可以了。例如，當你陷入深深的困惑，感到疲憊不堪的時候；當一個又一個的難題接踵而至，讓你覺得「真的很辛苦」的時候；當周遭都只站在自己的立場說話，讓你無所適從，徬徨著不知道該怎麼做才好的時候。

當這些時候來臨時，不妨先試著舒展身體，對你絕對有幫助。心理和身體是有關聯性的，所以當內心感到痛苦時，身體也會變得僵硬；**但也因此反過來先放鬆身體，心理就能得到放鬆。**

重新讓身體回想起放鬆的感覺

我經常推薦一種具體的作法：漸進式肌肉放鬆法。這是一種肌肉先用力，接著放鬆，體會力量瞬間釋放的放鬆法。然而，如果要整套做好需要一些技巧，這裡先教各位一個簡單的方法，就是運用「聳肩」的做法。

首先用力聳肩，維持住這個感覺幾秒後，再一口氣放鬆。是不是感覺身體稍微輕鬆點了？有些人突然被要求放鬆時卻無法做到，先練習怎麼用力，再記住放掉力氣的感受。只要多練習，就能學會如何放鬆了。

當身體處在放鬆的狀態時，心理就不容易感受到緊張。若是感受到壓力時，只需要「放鬆身體」就夠了。此外，稍微做點伸展或泡個澡，總之先讓身體去感受「放鬆」的感覺也是好方法。

POINT

當心理感到痛苦時，先試著從身體開始放鬆吧！

感受此時此刻的幸福狀態

心情不好的時候，
何不外出一下，稍微散散步呢？

即使試著思考屬於自己的幸福是什麼？並試著尋找自己的幸福標準，然而不意外的是，大多數人都搞不清楚。

尤其當內心感到痛苦的時候，有時根本無法思考，當下滿腦子一定只有「這麼下去不行、該怎麼辦？」這時候，光是用想的也只會暈頭轉向而已。那麼，何不到外面稍微走一走呢？走一走，不同的景色就會自然映入眼簾。

沒有特別目的地走出戶外，你會發現，一個有別於日常的世界；把目光從自己的身上轉移到外界，你將看見碧空如洗，路上的行道樹色彩繽紛，到處都綻放美麗的花朵。

所謂的「幸福」，其實是一種「狀態」，然而，很多人可能會想到的是要完成一些大事才算幸福，例如，得成為正式員工好好工作才是幸福、結婚卻沒有小孩就稱不上幸福、當上社長賺錢成為勝利組才幸福等等。要這麼想也沒關係，但同時要記得，此時此刻的當下，也能感覺到幸福。

專注在當下的感受，運用五感發現幸福

話雖如此，人們很容易滿腦子想著對未來的不安和對過去的後悔，以致很多時候難以感受到此時此刻的幸福。

這時建議你**使用五感，把目光放在此時此刻。**所謂的五感，就是「視覺」（用眼睛看）、「聽覺」（用耳朵聽）、「觸覺」（用手觸摸）、「味覺」（用嘴巴嚐）、「嗅覺」（用鼻子聞）。

想運用「視覺」的話，可以看看美麗的風景、打動心靈的影片。

想運用「聽覺」的話，可以欣賞喜愛的音樂、傾聽浪濤的聲音。

想運用「觸覺」的話，可以使用軟綿綿的毛巾、撫摸動物。

想運用「味覺」的話，可以品嚐美味的食物、喜愛的酒。

想運用「嗅覺」的話，可以聞一聞咖啡香，或是享受香氛。

就像上述這樣，運用可以讓五感感到舒適的事情，讓意識回到此時此刻。當你走出戶外，不妨在散步之際，好好去感受「這個真好」、「我喜歡這個」、「哇哇！這樣或許不錯」的事物。

雖然擬訂大方向的幸福為目標很重要，但日常生活中也有很多小確幸等待你發現。所以，不妨經常運用五感，多多拾掇這些小確幸吧！

POINT

運用五感，好好感受此時此刻、當下的小確幸。

稍微逃離現況喘口氣，沒有關係的

花時間讓思緒遠飄到其他地方，也是非常重要的。

在每天的忙碌生活中，很容易在不知不覺中一直追求效率和盡可能方便行事。認為沒時間搞其他有的沒的，或是要快點做完手頭的事、不快點做下一件不行，就這樣，在做這些非做不可的事情當中，一天就過去了。

不過，**花點時間讓思緒遠飄到和謀生無關的事物上，也非常重要，**例如：

- 早上走在上班的途中，眺望一下天空感嘆「好美啊」。
- 買下有一點昂貴的耳環而覺得興奮不已。
- 比平時花更長一點的時間泡澡，讓自己神清氣爽。
- 吃完午餐到附近散步十分鐘。

即使只是一點時間，稍微繞一下遠路也沒關係；重要的是透過做這些事情的時間，來和討人厭的心情或壓力道別。

今天稍微繞個路，或試著做和平時不一樣的事，也許你會覺得浪費時間，但就是這些乍看之下浪費時間的事情，包含著「變得幸福」的精髓。

如果整天腦袋裡只想著非做不可的工作或家事，很容易變得完全看不清周遭的事物。**明明世界如此大、如此寬廣，我們卻讓自己困在極度狹小且難以喘息的空間。**因此，懂得稍微離開一下目前的狀態，也十分重要。

只要是做起來開心的事，就不是浪費時間

若是可以去旅行的話，當然最好，但並不是每個人都能立刻馬上做到，說走就走，不過，可以先稍微繞個遠路或試著做和平時不一樣的事，試著去做不是「為了生存」而不得不必須做的事情吧！

這麼一來，一旦脫離工作或家事等不得不做的事，就能消除不愉快的心情或壓力。在這種時刻，或許你就能注意到覺得舒適的事情和感覺幸福

的事情了。

千萬不要因為覺得浪費時間就略過不去做，或是認定「別人會說要是有這種閒工夫，就去工作」等來自社會的閒言閒語而放棄，這些看似浪費的時間也請務必珍惜。

另外，也建議你試試看不要帶手機出門。**不要被手機奪走你所有的注意力，就能好好感受每分每秒的時光。**如果不是平常熟悉的場所或地方，或許還能順帶感受一下冒險的氣氛，也很不錯，但要注意不要迷路喔！

POINT

試著繞一下遠路，會發現意外的風景。

改變角色，就會改變心態

試著改變一下自己的人設看看，
扮家家酒的效果對於成年人來說也很有用的。

「在不知不覺中過度努力，自己的事情總是一再往後擱置。但是，即使有心改變行為模式，也總是難以做到。」

「總是被什麼事情追趕著而經常忙得焦頭爛額，我不認為有辦法改變這樣的狀況。」

「缺乏自信。總是隨波逐流。經常覺得只要我忍耐就好了。雖然我不喜歡，但現在還能改變嗎？」

或許不少人都有類似上述心境——明知很重要，卻不知道如何改變。如果你是這樣的人，或許可以試試「扮家家酒」的方法。

你小時候曾玩過扮家家酒嗎？扮演媽媽、扮演醫生、扮演店家老板等，扮演自己以外的身分，有時會令人覺得興奮不已。你知道嗎？這個扮家家酒遊戲，其實也適用於成年人。

舉例來說，設定自己是一位時尚達人並扮演這個角色，在時尚的街區的咖啡廳品茶，或者在百貨公司逛櫥窗。光是這麼做就能湧現興奮的心情——映在櫥窗上抬頭挺胸的自己，看起來比平時更美麗。

又或是扮演大富豪，在豪華飯店的大廳，設定自己是富豪，悠哉地度過。在軟綿綿的沙發上，使用典雅的茶杯，在悠哉的氣氛中接受飯店服務生畢恭畢敬的服務。

如果在飯店喝下午茶難度過高，那不妨改到百圓商店，把一千圓花光來買東西看看？買一堆想要的東西，似乎也能感受自己是富豪的心情。

心態改變之後，關係也會跟著改變

或者，扮演受歡迎的人也是一個不錯的選擇。抱著大家都喜歡自己或自己很受歡迎的態度，會讓你更容易對人展露笑臉，率直地說出內心想說的話。這時即使對方回覆 LINE 稍微慢一點也不會介意，因為你是個受歡迎的人。這時可能會出乎意料地發現其實別人對你很親切、向你展現笑容等各種良好的反應。或許你也會因此覺得某個人意外地比想像中更溫柔，或是發覺也許自己更坦率點也沒關係。

所以，不妨試看看各種不同的扮演遊戲吧！

嘗試各種不同的設定和遊戲，可以稍微遠離日常的自己，甚至有可能成為改變原本認為不可能改變的思考模式或行為模式的契機。

奇妙的是，原本讓你焦慮沮喪的事情，在改變人設扮演之後回頭一看，可能會覺得實在太愚蠢、太沒必要了。

POINT

用角色扮演的心態改變自己的人設，會發現全新的世界。

對別人溫柔，也要對自己好

更重視自己、更愛自己，
這樣不是很好嗎？

有些人即使懂得重視和愛惜自己的孩子、伴侶或摯友，卻無法對自己抱持同樣的態度——也就是重視自己、愛惜自己。

換言之，即使對別人做得到，對自己卻很困難；或許有不少這樣的人。如果你恰好是這樣的人，不妨先從實際行動開始，也就是先從形式開始的做法。

首先，如果是還沒辦法這樣想，就先從實際行動開始，然後藉由這些行動慢慢地去重視自己、珍愛自己。

舉例來說，試著想想看你的摯友拚命工作。

這時，你會為這位朋友做什麼呢？你可能會對他說：「你真的很努力！真了不起！」或許還會為他斟一杯溫熱的茶。

好，接下來，也請試著對自己採取一樣的舉動並讚美自己：「我真是努力！我真是了不起！」並且泡一杯茶慰勞自己。

身體力行，就能找到愛自己的方法

又或者，假設你的伴侶因重大的失敗而沮喪。這時你可能會對他說：「你已經做得很好了。偶爾失敗難免。」或許也會抱著他、安慰他。就像這樣，對自己採取相同的行動，告訴自己「你已經做得很好了」、「沒問題的」，然後擁抱自己一下。

另外，假設你的孩子遇到讓他非常傷心的事，你是不是會說：「好，我知道。很難過對吧？你辛苦了。」還可能會輕拍他的背，或是摸摸他的頭加以安慰。

所以，當你經歷悲傷的事情時，不妨也試著對自己這麼做做看吧！好好安慰自己：「好，我知道。你很難過對吧？」同時輕拍自己的身體，或摸摸自己的頭。

想像自己是你所重視的對象，把你會為他做的事情，也付諸於自己。透過這樣的行動累積，或許就能培養出重視自己、愛護自己的感覺了。

POINT

將「想為重視的人所做的事情」，轉化為對自己的付出。

「休息」是必要的例行事項

什都不做、只是「休息」的安排，
也是很棒的計畫。
要把「休息」加入行事曆的事項中喔！

我認為很多人其實都休息得不夠，要是被問到睡得夠嗎？通常沒多少人能回答「很夠」。我在第一章曾提到，充分休息真的很重要；然而，即使想著要是累了就休息，也有可能沒注意到自己已經累了。

另外，即使說休息，對於無法休息的人而言，因為是在做和平常不同的事情，所以也需要耗費精神，才有辦法休息，例如，常有人會說：

「雖然想請假，但公司不會讓我請假。」

「要是請假，工作會出大問題。」

很多人會認為要是自己不去做，會衍生許多嚴重的狀況。**但實際上，即使你請假休息，事情總會有辦法解決。**

公司不會因為某個人請假就無法運轉。如果真是這樣，那一定是公司的體制出了問題，而這是經營者要考慮的問題，不是員工應該考慮的問題。假設我明天搭上與上班地點反方向的電車，確實會發生問題，但公司同事的工作依然會運作、我負責的工作會有人接手，絕對不會因此停滯。

光是離開平常生活的空間，就能有休息的感覺

如果即使如此依然覺得無法休息的人，我建議大家，總之先把「請假休息」排進行事曆。然後想一想，請假後要做的事或令你覺得心情愉悅的事，既使只是小確幸也沒關係，例如：

- 使用喜愛的入浴劑泡個澡。
- 在新綠的山徑上徒步旅行。
- 去按摩讓身體放鬆。
- 躺下來閱讀一本一直想讀的書。

順便一提，有些人只要在商務旅館住宿，就能讓心情振奮。我也屬於這樣的人，只要一離開平常的生活空間，腦袋就能清晰起來，湧現活力。

每個人只需選擇適合自己的休息方式就可以了，不需要思考別人怎麼想，試著用自己想要的方式去休息。

當然，「什麼都不做」也沒關係，即使這樣也是很棒的休息計畫。選擇你喜歡的休息方式吧！

POINT

記得把「請假休息」排入預定計畫中。

這些相處不來的人，都只是你人生中的臨演

想要和所有人和睦相處，是一種幻想，如果和這個人相處不來，就漸漸拉開距離吧！

或許有很多人都曾在求學時代，被要求過要和大家好好相處；受到「和大家融洽相處」這句話所束縛的人，也出乎意料的多。

根據我的經驗，還蠻多人極度擔心被別人討厭，例如，我常聽到有人煩惱：

「對方已讀不回我傳的 LINE，讓我覺得很受傷。」

「聽說同事在背後說我閒話，好難過。」

但是，請冷靜想想，**會忽視你傳的 LINE 訊息，反過來說，你會因為被這種人喜歡而感到開心嗎？你真心希望和會在背後說人閒話的人成為好朋友嗎？**

又或者試著想像一下，當你描繪自己的「理想人生」時，其中包括那些忽視你或說你閒話的人嗎？

如果他們不包括在內，那個人就是你人生舞臺中不請自來的臨時演員，既然如此，在真實世界中就不必強求讓他們登場。

物理上的距離拉開了，就能拉開心理距離

雖說全球人口超過八十億人，但幾乎都是不相關的路人甲。我們當然希望不要被路人甲的言行所影響而傷心難過，而是希望能重視我們自己所重視的人，不是嗎？

記得，不可能做到和大家融洽相處，這只是幻想，所以和不喜歡的人盡可能保持距離。而這個距離，不僅是心理上的距離，或許也應該保持物理上的距離，舉例來說——

- 社群媒體上的設定為不顯示通知。
- 當對方進入你的視線時，立刻移開目光。

- 盡可能不和對方碰面。

這麼一來，你會發現原來不必和對方保持融洽關係也無所謂。記得，不必勉強和那些會讓你感到不快，或你不擅長面對的人和睦相處。

POINT

勇敢地與討厭、不合拍的人保持距離。

學著不做自己討厭的事

沒有被誰讚美的人生，也無所謂，
只是珍惜莫名感到「我真幸福」的瞬間，
這樣的人生也很好。

幸福，其實是由日常中各種「微小的幸福」所日積月累而成；每一天的「開心」、「喜悅」、「快樂」加起來，就能形成輕柔的幸福感。

雖然幸福的定義因人而異，很多人可能設定在「獲得較大的成就才能幸福」，或是「只有成功才能幸福」等，與現在的自己，目標相距甚遠的地方。

很多人會說，「要開創一個可以引以為傲的人生」，但是人生就算隨遇而安地過，照樣會活到壽終正寢的那一天，**因此只要好好活著，就算沒有賦予某種特殊意義，我覺得也妨**。

就算被動地生活也沒關係，不一定非得有重大成就或成功。

在我看來，不需要活出一個向他人炫耀的人生也無妨，只需珍惜那些不經意感受到「我真幸福」的瞬間，也完全沒問題。

累積小確幸，遠離「小不幸」

與此相對，內心總想著若是努力克服這次難關、就能幸福，結果難關度過了，又看見下一個不挑戰不行的困難。而為了跨越接而連三出現的難關，只好不斷努力，長此以往，要恢復就會很困難了。

如果不先決定一條停止的界限，就會一直設法努力撐下去，但是，任何人都不可能永遠保持在緊繃的努力狀態。

一旦覺得痛苦、疲憊的時候就應該立即撤退，先蒐集輕柔的小確幸。

順便一提，如果很難蒐集小確幸時，建議你試著拋開「小不幸」。

所謂小不幸，就是那些令你覺得厭煩、總覺得不愉快的事情，例如：

- 拒絕不感興趣的邀約。
- 和不對盤的人保持距離。

- 先延後麻煩的工作事項。
- 丟掉有汗漬的衣服。

像這樣先拋開覺得不喜歡、莫名地感到不悅的事情，就會意外發現，原來要感到幸福居然這麼容易！

POINT

放手拋開小不幸，就能掌握到幸福感。

第四章

不逞強、不委屈、不內耗的人際關係

不要強求他人怎麼看你

不論開口前怎樣斟酌措辭，
或避免讓對方產生誤解，
人家依然只看到他們想看的，
既然如此，就按照自己的想法去做就好。

在第二章和第三章，我先介紹了有關如何認識自己以及思考屬於自己幸福的方法。

為了活出真實的自我，並且過得幸福快樂，最重要的是先理解你認為的幸福是什麼。不過即使認識了自我，希望能夠不逞強、不過度努力，重視屬於自身的幸福活下去，仍然會有人來妨礙你，攪亂你的內心。

也就是說，即使你把自己管理得很好，但某些人仍會成為你煩惱的根源。所以在第四章，我想分享一些有關人際關係方面的相處之道，有助於你幸福度日。

即使沒有刻意想當好人，你是否在不自覺中因為習慣而表現出這種特質呢？例如：

「雖然很麻煩，但不早點回覆 LINE 不行。」

「這星期實在好累，但朋友的邀約不去不行。」

像這樣在不知不覺中勉強迎合他人，「幸福感」就會漸漸減少。

當一個濫好人，只會使你失去自我

其實，不論你多麼努力想成為一個好人，對某些人來說，你可能依然不受歡迎。舉例來說，你希望成為A眼中的好人，但與A交惡的B就可能會認為你在諂媚A，如此一來，不但當不成好人，還會成為不受歡迎的人，這樣不如單純被討厭還比較好。

無論你多麼努力想成為好人，或是不小心成為一個不受歡迎的人，都可能失去某些東西。**既然這樣，就不要想著希望別人怎麼看待你，而是選擇你「不想失去」什麼。**

不論是情侶、家人或好友，抑或是在工作上，決定好「唯有這個絕對不想失去」，並思考在這其中該如何好好生活，將能堅定自我核心價值；

當然這個做法，一定會有無法扮演好人的場面出現。比方說，為了維護家庭幸福，下班後必須早點回家，但我想這也是無可奈何的事。

想在所有人心中都當一個好人，可能會讓你失去重要的東西，更有可能把自己逼迫到無處可逃。**切記，重要的事物最好要放在最優先的位置；為了不重要的人而努力，你將筋疲力盡。**

說到底，不論你考慮得多周延，竭盡全力採取避免讓對方誤解的行動，到頭來，對方還是只會看到他們想看的，所以你乾脆按照自己的想法去行動就好了。守護重視的人，真實的活出自我——我想這樣的人反過來看，或許更容易博得好感。

POINT

決定對你而言重要的事物是什麼並優先處理。

見不得別人好，可能是正逢低潮的警訊

之所以嫉妒別人、羨慕別人，往往都只是單純感到無聊。而實際上這種情況，相當常見。

有些人總是會說些不中聽的話，或者來一句「你真覺得這樣好嗎？」，對別人的人生指指點點，加以批判。即使你希望和這些人避而遠之，但偶爾也還是會碰到。

要是別人對你說了什麼不中聽的話，不妨換個角度想：「還好我不必過著那樣的人生。」我認為，刻意批評他人的生活，冷嘲熱諷的言論，通常都是基於羨慕而用拐彎抹角的方式所表現出來的結果。

當然，我相信人難免都會羨慕他人。舉例來說，熟人在社群媒體發布結婚、懷孕或升遷、功成名就等消息，一方面留言寫「恭喜！」，但心裡是不是覺得有些不是滋味呢？想結婚、想懷孕卻不成功，或工作不順利的人看到這些消息，或許會覺得有些痛苦。反之，如果自己現在志得意滿，對於這些就不太會在意了。

換句話說，人之所以會出現負面的情感，往往是因為個人的狀況問

題。為此，當你的內心產生負面的情感時不妨想一想：「是不是我現在的狀況不太好？」

然後，若是你覺得自己真的似乎不太好，就好好照顧自己的心理與身體吧！只需這麼做，你就能覺得輕鬆多了。

試著「昇華」你的忌妒心

另外，嫉妒或羨慕他人，很多時候也有可能基於無聊。如果你發現自己是因為出於無聊而忌妒或羨慕他人，不妨試著寫下想做的事，先嘗試去做能做到的事，透過喜好或想做的事，讓自己不要無聊沒事做。當你做這些事情時，人生充實，嫉妒心自然就會消除。

如果這樣還是無法消除嫉羨之情，建議你昇華這種情緒。昇華這個詞彙，有時會用來表示「把悲傷轉化為藝術作品」這類的概念。

在心理學中，昇華是一種心理防衛機制。例如，透過把社會上難以被接受的攻擊性欲望或排他性思想轉化為更高層次，好讓社會接受的其他形式去滿足心理。

舉個例子來說，當你對某個人抱著強烈的嫉妒心理時，不妨把這樣的嫉妒心轉化成動力，例如透過訓練讓自己更出色，或是經由學習以累積實力，在工作上做出成果等，以變化為實質的成就。

POINT

讓嫉妒心轉化為成長的動力。

知道自己要什麼，別人的批評聽聽就好

你的責任就是好好過好你的人生，
所以，不需要太認真把別人
「自作主張的評論」放在心上。

有些人總是動不動就喜歡對別人的生活指手畫腳，例如：

「你假日什麼都不做嗎？最好要外出活動一下身體，和其他人接觸一下比較好喔！」

「一直讓小孩子吃微波食品？他們太可憐了。要多花一點心思讓孩子吃健康的食物才行。」

「辭掉工作後你打算怎麼辦？只會抱怨的話，去到哪裡一樣。」

說出這些話的當事人大概並未深入思考，他們只是想到什麼說什麼，隨意發表自己的想法，是毫不負責任的發言，所以不需要認真地放在心上。**必須對你的人生負責的，是你自己。面對那些無法對你的人生負起責任的人，完全不需要被他們所說的話給迷惑。**他們對於你的人生毫無所知——你並沒有完完全全告訴對方關於你人生的全部，不是嗎？

對於只截取他人的人生一部分，就擅自評論的人，我稱他們為「不請自來的評論家」。明明沒徵求他們的意見，卻擅自滔滔不絕地發表評論；尤其是網路上，充滿這種不請自來的評論家。舉例來說，以前我父親常一邊看電視上的拳擊賽，一邊隨口奚落：「我來打一定比他們強！」

這些不請自來的評論家之所以自作主張地發表言論，並在網路上流傳，主要的目的只是為了吸引眾人的目光，為這些言論想太多也沒意義。

人各有志，走自己的路就可以了

話雖如此，要完全不在意也不太可能，像這種時候，我認為反而可以用來檢視自己的生活方式。

比方，被人嘲笑「你跑得真慢」時，你可以回答：「因為我想慢慢欣賞路上的風景。」當別人問你：「你怎麼如此儒弱？」你可以回答：「我希望能以不傷害他人的方式過生活。」

每個人都有自己的終點目標，要達到的路線也各自不同。有人認為假日怎麼可能什麼事都不做，也有人認為假日什麼事都不做才是最棒的；有人喜歡親自下廚，有人則選擇偶爾偷個懶、用微波食品或買現成的熟食當成一餐，多餘的時間陪孩子好好的玩。

只要你能清楚明白自己渴望的生活方式是什麼，就不會受他人言語影響而動搖。即使理想的目標或路線與你不同的人批評你走錯路了！只要自己確定要往什麼方向走，就沒問題了。

POINT

擅自指指點點的評論，聽過就算了，不必放在心上。

悲傷和痛苦有一百種樣貌，無須和他人比較

痛苦不應該用來比較，
也不是可以拿來比較的事物。

假設你向別人訴說類似以下的煩惱時：

「公司有很討厭的人，真的很痛苦。」

「前陣子我的寶貝貓咪死掉了……，好傷心。」

「生了孩子以後，工作及家庭要做的事變好多，實在很辛苦。」

也許有人的反應是像以下這樣：

「這種煩惱還算好吧？還有更討厭的人啊。以我們公司來說，我的主管更討人厭。」

「我知道你很傷心，但不能為了寵物這麼傷心。死的又不是父母或小孩。」

「還好你只有一個小孩。要是生了第二個，你會更累。我姊姊有三個小孩，她非常辛苦。」

會如此回話的人，或許並沒有惡意。**但是，無論如何都不應該擅自衡**

量他人的痛苦程度，表現出一副「別人比你更痛苦」的態度。

傷心與痛苦不是用來比較的，也絕對不是能拿來比較的事物。你可以為你的痛苦而痛苦，但**你不需要把自己的痛苦和傷心與別人比較，並且因此忍耐。**

無論在什麼情況下，都不用隱藏你的痛苦

不用我說，這世上當然有人處在更痛苦、更嚴苛的環境。但是，因此用來和你的痛苦做比較，表現出「你還算好，抱怨自己痛苦是不行的」，則要另當別論。

介紹一句經常被引用的名言：「你今天浪費的一天，對某人來說可能是他極度渴望的明天。」

雖然我知道這句話是鼓勵人們珍惜每一天，但我認為其實沒有必要把「我浪費的一天」和「某人強烈渴望的一天」拿來比較。

你浪費掉的今天，並不是某個人極度渴望的明天；你以自己的方式度過的今天，沒有必要和別人比較而覺得羞愧。

你的心情屬於你，沒有必要與他人比較。無論是痛苦的心情、傷心的心情、難過的心情……，都不需要和別人比較而忍耐，也不必認為「不過是這種程度」而忽視自己的感受。

POINT

不必勉強忍耐你的痛苦或傷心。

留心人際關係中的情緒勒索

如果和某人在一起，
讓你覺得「我毫無價值」、「我好痛苦」時，
就和對方保持距離吧！

有些人，是不是讓你覺得和他在一起的時候十分痛苦？當你和對方在一起，就覺得「好痛苦」、「我真是差勁」時，其實你可以毫不猶豫地遠離，因為**並沒有什麼非得要和所有人和睦相處的人際相處原則。**

「因為你輕率的行動，讓我很不好受。」

「要是那時候你好好處理，現在就不至於落得這種下場。」

「因為你不夠堅強，總是讓我很辛苦。」

假設有人對你說這些話、總是說「都是因為你」，似乎把失敗的責任歸咎於你——或許他們是企圖利用罪惡感來控制他人。

然而雖然我們知道他們的意圖，但要遠離這樣的人也不見得很容易，因為你可能總是會為對方著想，雖然總覺得在一起很不愉快，但又沒有發生太嚴重的問題，以致要刻意保持距離的話，也會感到有些罪惡感，進而很容易錯過遠離他們的時機。**不過，如果他們是利用罪惡感來控制你，就**

請你盡快離開他們吧！你的幸福不會是在那裡。

希望你記住，有一種人際關係是利用罪惡感來控制他人的情緒勒索。如果你能警覺到這種情況，就比較容易與他們保持距離了。

只要感到痛苦，就請勇敢地逃離對方

在公司組織中，以罪惡感控制他人的狀況也十分常見。舉個例子，有些施加職場霸凌的上司會說：「因為你沒達到業績目標，當然要一直加班。」這就是以「沒達到業績目標」的罪惡感來刺激你，讓你覺得不加班不行。

家暴其實也是類似的狀況，把自己生氣的原因怪罪在對方沒做好，以這樣的罪惡感束縛對方。明明就是精神虐待的伴侶，卻沒辦法分手，是因為被灌輸「我真是差勁」的想法。那些在會對孩子造成負面影響的父母教育下長大的人，想必也曾面臨類似的情景吧！

「你是個沒用的孩子，我才會這麼嚴格管教。」

「我是為了你好才會這麼說的。」

這些會說「為了你好」的人，其實也可以說是「利用罪惡感來控制他人」的人。事實上，利用對方罪惡感的情緒勒索，就像上述這樣，散布在各種不同的人與人的關係之中。為此請切記，如果對方是這種人，你可以不必顧慮、盡快逃開。只要感到痛苦，就以自己為優先考量，盡可能離遠一點！

POINT

請不要猶豫，大膽遠離讓你痛苦的人。

現在過得比那個人好，就是最好的復仇

你有無論如何都難以原諒的人嗎？
對於那些讓你不幸的人，
最好的復仇方式，就是讓自己過得幸福。

有些人會為了心裡那個無法原諒的人而感到痛苦，比如：

「我絕不原諒他！」

「讓我不幸的人，我要報仇！」

「想到前男友就一肚子火！」

即使明知應該忘了這樣的人比較好，卻仍被這些負面想法給束縛，甚至成為自己永遠都無法幸福的藉口。對於這樣的人，我有句話想對你說：

「對於讓你不幸的人，最大的復仇，就是你自己變得幸福。」

自顧自的怨恨對方、讓自己受苦，只會使你一直處在不幸。如果對方正詛咒你不幸，你豈不是讓對方稱心如意了？**所以，把對方忘得一乾二淨，自己過得開開心心、摧毀對方的想法，這才是最佳做法。**

反正都要復仇的話，何不以用讓自己幸福的方式，向不能原諒的人復仇。除此之外，一直怨恨對方的時間，也實在很浪費。時間就是壽命，請你不要為了無法原諒的人，浪費你寶貴的生命時間。

不過，要是你有想原諒對方的念頭，不妨稍微站到高處俯瞰，換個角度思考：「原來世上也有這樣的人。」

這個世界的人口多達八十億，大家都有不同的文化、價值觀、經驗、特質，你面前的這個人不是和你同類型的人，只是八十億人當中的其中一人……，大概就是像這樣的思考模式。

不要有過多期待，就不會有太大的傷害

話雖如此，我非常明白正因為這個無法原諒的人與你的預期背道而馳，所以才會如此憤怒。

當人們突然遇到預料之外的事情，往往會焦躁、會動搖不安。**既然如**

此，就先預想好所有的狀況看看，內心會較為平靜喔！

就好比防禦駕駛的交通觀念，開車時不只自己要安全駕駛，也要事先預測可能發生的狀況，採取必要措施以迴避潛在危險事故的發生。同樣的，試著想像一下對方和自己全然不同，說不定會做出令自己大吃一驚的舉動，先有心理準備的話，心情應當就能比較平靜了。

「或許會遭到背叛」、「或許會對我說謊」、「或許會外遇」、「或許會遲到」等等，像這樣在人際關係方面，也先套用防禦駕駛的概念，或許就能降低受傷、難過的狀況發生。

POINT

先假設他人的行為不會照你的期待。

有了「被討厭」的勇氣還不夠，還要很擅長被討厭

我覺得比起如何受人喜愛，懂得如何巧妙地「讓不喜歡你的人討厭你」，對於人生來說，似乎更重要。

不想被別人討厭，是人之常情。不過，我覺得比起如何受人喜愛，懂得如何巧妙地讓不喜歡你的人討厭你，對於人生似乎更重要。

當難以應對的人討厭你時，你可能會遭受攻擊，但為了避免被討厭的人討厭而任憑擺布，也相當痛苦。

如果在人際關係上受挫，不如就學會「擅長被討厭」。為此，最重要的人際相處之道是具備「即使被不喜歡的人討厭，也不會感到難過」的想法——**擁有一種「被不喜歡的人討厭，真快樂」的心態。**

光看會攻擊他人的這一點，就知道這個人不是值得來往的人。況且和這樣的人相處，即使努力做到不讓對方討厭，他們仍然會在雞蛋裡挑骨頭，說些不中聽的話；即使你努力不被他們討厭，他們也絕對不會看到你的努力。所以，把時間用在這樣的人身上豈不是很浪費？被這種討厭的人的言行舉止所影響，太不值得了。

「被討厭」有這麼可怕嗎？

說到底，「不想被討厭」的想法，就像是一種思考的壞毛病。

你不妨想一想以下幾個問題，試著去質疑自己的認知：

「為什麼不想被討厭？」

「要是被討厭，會怎麼樣？」

「被哪些人討厭也無所謂？」

不如像我在第二章說過在紙上寫下來，然後想一想，或者你就能發現其實被討厭也沒關係。

另外，有時候對於討厭的人，你會想著「給他好看！」或「想要反擊！」但在我看來，為了做這些事浪費你寶貴的時間，實在太可惜了；**為了這樣的人過生活，即使一瞬間都是不值得的。**

基本上，多數的人只要你不理會他，他們自討沒趣就會自動遠離。

為此，變成一個「擅長被討厭的人」，這樣就只需和志趣相投的人往來，而這也是與人相處時不感到勉強、不委屈自己的關鍵。

POINT

以變成一個「擅長被討厭的人」為目標吧！

要懂得說話，先從懂得聆聽開始

若想鍛鍊表達能力，
要知道「不說多餘的話」
比「練習口才」重要一百倍。

為了維護自己認為的幸福，生活中有時需要與人保持距離，不過，懂得人與人的相處之道也很重要。

經常有人會問：「我的溝通能力不好，該怎麼訓練我的口才呢？」但其實溝通能力並不是只需談笑風生就夠了。

我希望想要鍛鍊溝通能力的人都能理解一件事，那就是練習不要說多餘的話，比鍛鍊口才重要一百倍。

基本上，只要是人，都很喜歡談自己的事情。舉例來說，喝酒聚會時，多數人不都是滔滔不絕地聊自己的事情嗎？只要有人願意聽他說，都不會被討厭不是嗎？

我認為學會扮演聆聽的角色，就是鍛鍊溝通能力的最佳捷徑。當你心想該說點什麼的時候，反而要請你保持沉默，傾聽對方說話。另外，聆聽的時候，關鍵是不要對人家的說法和想法加以評論好壞對錯，先把自己的意見擱到一旁。

先接納對方所說的內容，抱著這樣的態度去聆聽，對方就會多多少少對你產生好感。

善用「幽默感」避開攻擊性言論

另外，我認為人際關係中還有很重要的一點，就是「幽默感」。有人說，能夠巧妙運用幽默感，才是成熟的表現。懷著強烈的不安、沮喪低落、覺得有壓力等負面情緒時，或許用幽默感去輕鬆看待是一種不錯的方法。

我很喜歡《可不可以不要努力》（河浣著，原書名《하마터면 열심히 살 뻔했다》）這本書，書名直譯為「好險沒有為了活下去而拚命努力」，

是不是很幽默？

雖然是一本訴求「活著不需要努力過度」的書，但這個寫法可能會令許多人忍不住會心一笑，覺得「沒錯！沒錯！」

在我看來，能夠巧妙避開攻擊的回應，有時也是幽默感的表現。

比方，軟銀總裁孫正義在推特上被人揶揄他快要禿頭的推文，他回覆說：「不是我的髮際線後退，而是因為我不斷前進。」

這個發言，也是以積極的態度令人會心一笑的幽默。幽默其實一點都不難，關鍵在於能讓人發出會心一笑。日常對話或平日的生活帶著幽默感，人際關係必然會更豐富，不是嗎？

POINT

練習「聆聽」比練習「說話」更重要。

開口請人幫忙，真的不會怎樣

從「拚命三郎」轉變成「求助高手」，也是一個優秀的生存策略。

我覺得那些容易不自覺努力過頭或難以讓自己幸福的人，多半都是因為不擅長開口請求其他人幫忙：

「拜託對方卻被拒絕，會覺得很受傷。」

「要是依賴別人卻被討厭，就太悲慘了。」

「單純只是覺得不應該拜託別人幫忙。」

或許你是因為基於上述這些想法，我懂。但是在我看來，只要不是完全依賴某個人，我想請求對方的協助並表達感激，或是依賴對方而感到愉悅，這些都是美好的溝通方式。

老實說，相對於花費時間習得技能，求助他人可能會更輕鬆且得到更良好的結果。所以，從「拚命三郎」轉變為「求助高手」是一種很優秀的生存策略；實際上，依賴別人的人，往往能夠更成功。

雖然社會上也存在一股風氣，主張不應該動不動依賴別人或要人幫忙、一切的責任操之在己，或靠自己努力是美德，但我還是想大聲地說：

必要時，你可以向別人發出「幫幫我」的求救訊號。
學會求助，對於生存甚至是極為重要的一件事。

或許你會認為開口要求對方「幫幫忙」、但被拒絕的話，會很受打擊，但換個角度想，如果在你有困難時卻不願意幫你的人，你還想跟他繼續往來嗎？了解對方是不必繼續來往也無所謂的人，反而是一種幸運；就先把這樣的人擱在一邊，重視願意助你一臂之力的人，才更重要不是嗎？

「開口求助」一點也不丟臉

工作上面對同事也一樣，懂得必要時請求協助是非常重要的。

光靠一個人悶頭努力，結果導致無法把工作完成，甚至搞砸的情況也在所多有，若這時才讓其他人幫忙收拾殘局，他們反而會認為要是早點提出來，或許就可以及早幫上忙。**然而，在此要強調的關鍵是：「不說出來，沒人會幫忙」**。悶聲不響的話沒有人會幫忙，多數的人並不會注意到其他人的需求，所以只能靠你自己光明正大的提出協助的請求。

事實上有些時候，對方也會覺得很開心。很多時候希望能與你更親近的人會覺得「希望他能依賴我」、「希望他能向我撒嬌」。

此外，反過來想一想，當朋友有困難時，是不是也希望他能向你求助呢？試著改變看看，讓自己成為一個很擅長開口求助的人。

POINT

不要害怕開口求助被拒絕。

你的存在本身就值得被愛

若是能自我珍惜，
人生就能切換成簡單模式，
這是活下去的最好方式！

在所有人際關係中，伴侶關係或許是最困難的一種。

搞不懂對方的心情，覺得非常不安；過度束縛對方，大事小事都要干涉，為了一點小事爭吵等等，我想每一對伴侶都有各式各樣不同的爭吵原因。不過其中多數都是基於「可能另一半不愛我」所產生的不安。

說到底，我們到底是懷著「我有被愛的價值」而活著，或是「反正根本沒人會愛我」而活著呢？

選擇以哪一種態度來過生活，你看待世界的角度將全然不同。

誠如前述一再說明的，這其實是一種不良的思考習慣。**「反正沒人愛我」的思考習慣，很容易導致不論另一半做什麼，都會解讀為「所以他不愛我」**，即使只是因為太忙而沒有回 LINE，卻被解讀為「是不是討厭我了才不回訊息」。

反過來說，如果具有「被愛」的自信，就有辦法顧慮到對方、為對方著想，例如會想到對方說過最近工作很忙，或是他大概已經睡了之類。

這種具有「被愛的價值」的感受，就能形成自我珍惜的感受。

接受當下最真實的自我，就是幸福

所謂的「自愛」（self-love）就如同我在第一章提到的，這是一種愛自己、憐惜自己、原諒自己、認可自己的感覺；我認為這也很接近接納自己的感覺。

自愛並不需要做到某件事或是比某個人優秀，而是如同父母疼愛他們什麼都做不到的嬰兒般，接受真實的自己。

我做不到這個，也做不到那個，但這樣的我也沒什麼不好。我只要單純愛著此時此刻這個真實的自己就可以了。

擁有這個「自愛」的感受，對於與重要的人之間的相處，十分重要。

是的，當你能充分信任自己的價值，就能夠做到自愛。因為如此出色，所以應該會被愛——如此一來，你的人生就會切換到簡易模式。

反正一定要活下去，就以簡易模式活下去吧！這麼做不僅可以讓你活得更加輕鬆，也可以切切實實活得很幸福。

POINT

做不到很多事情，但這樣的我也沒什麼不好的。

第五章

心有餘力發現更多日常幸福的技巧

放下過度的期待

不完美、沒特別了不起、
會失敗、會出糗，但這樣也很好。

在第五章的內容，我想要談談不勉強自己、不過度努力，追求屬於自身幸福的同時，在每天的日常生活中發現小確幸的心靈訣竅。

「幸福」並不是什麼浮誇的東西，即使是平淡無奇、微乎其微的感覺也是幸福。因此我認為大家可以抱著更輕鬆的心情去追求幸福——就算是從一些微不足道的事物而感受到幸福，也沒關係。

訣竅有很多，其中之一就是放下無謂的期待。我認為，人之所以容易感到沮喪、煩躁、心靈脆弱時，通常都和期待落空有關，例如：

「我應該可以做得更好。」

「我應該可以更努力，我卻沒能努力。」

「我竟然犯這種錯，簡直不可原諒。」

像這樣賦予自己「可以做得更好」、「可以更努力」、「完美不犯錯」等，都是加諸在自己身上的期待，但結果事與願違所形成的情感。

對自己期待過度不是好事。你可能不夠完美、你可能沒什麼了不起、你會失敗、有時很狼狽，但有什麼關係呢？很多人對自己有過高的期待，彷彿掐緊自己的脖子以致無法喘息，尤其是這些期待很容易形成「應該要怎麼做」的思維。

不需要在雙肩施加這麼大的壓力、不需要給自己過度的評價、不需要強制自己一定要成為了不起的人物，或是一定要讓人引以為傲。**同時，不光是對自己，也盡可能不要對旁人寄予過高的期待。**

看似體貼對方，但很多時候都是無形壓力

在我看來，一開始就不要給他人過度的期待，是讓內心平靜的最佳方法。說起來，不論你對他人的期待有多高，你都不可能改變他們；即使你

強行要他人去做你認為的「應該」，其結果往往也只會造成他人的不悅。

「你應該這麼做」並不等於「我想為你做這件事」，這些乍看之下體貼對方的行為，其實是一種無形的壓力，希望大家能留意到這點。

換言之，這樣的體貼，有時候其實是自以為是地把「自己的期待」加諸於對方。想要他人為自己做什麼——這件事，本該是對方決定的事情，而當我們把對方這樣的想法，以自己的想像擅自插手，等於未經允許跨入對方的領域了。看似尊重對方的人生，其實反而毫不尊重。不要把「期待」擅自強加在自己或他人身上。用悠哉一點的態度和真實的自己、真實的對方相處吧！

POINT

無論對自己或他人，都不要過度期待。

列出能放心求助的朋友清單

依賴別人真的沒關係，
更常說「幫幫我」、「我做不到」，
當然也沒關係。

經常感嘆自己活得好辛苦的人，其中，有大部分都不擅長依賴別人，他們會說：

「我又不是會依賴別人的類型。」

「我不知道該怎麼請求協助。」

「開口要求『幫幫我』卻被拒絕，會很痛苦。」

這樣的人總是能找到各種不能太依賴別人的理由，以致再怎麼辛苦也無法向他人求助、說不出「幫幫我」從而愈來愈辛苦。那麼，到底該怎麼辦呢？

首先，我希望你知道：依賴別人，也沒關係。要明白，光是有一個可以讓自己開口求援的對象，就能讓你的痛苦程度大為減輕。但是，我也明白，要真的依賴對方、開口說出「幫幫我」，需要很大的勇氣。

因此，在這裡先告訴大家三個步驟，讓你可以更容易開口請求協助。

❶ 接受自己並不完美

如果一直認為可以靠自己做到任何事，那麼當無法做到的時候，勢必會感到很痛苦。但是，實際上很難靠自己一個人活下去吧？舉例來說，早上出門倒垃圾，有清潔人員幫你收走垃圾；上班搭電車，也要有人操控運轉；到公司上班，也有人計算你的薪水好匯款到你的帳戶。

由此可見，在這個世界上絕大多數都是無法靠一個人完成的事，因此，希望你先認清自己並不是一個十項全能的人。如此一來，對於必要時請求別人協助，是不是就能稍微覺得心安理得了呢？

❷ 列出有辦法開口求助的人物清單

接著，請列出有辦法開口求助的人物清單，這樣一旦到了「該找誰求助」的時刻，就不會焦慮不安了。那麼該怎麼做呢？

首先，準備一張紙，並在紙上畫出三個同心圓。在最內圈的圓中，寫下最親近的人的名字，例如：家人、情侶、摯友……，那些在你最困難時能毫不猶豫為你兩肋插刀的人。

接著，在第二圈的圓中，寫下還算親近的人，例如：朋友、從小一起長大的玩伴、交情良好的同事、親切的上司，甚至是過去的男女朋友也可以考慮；也許在不對他們造成負擔的範圍之內，他們願意伸出援手。最外層的圓則是其他人，這一圈的人或許不太能期待他們會給予幫忙。

當你寫下這些名字後，也許就會發現你可以請求伸出援手的人，其實比想像中的多。當然，實際上是否請求他們協助另當別論，但**知道有人可協助的事實，就可以讓心情變得輕鬆許多了。**

❸ 不要把負擔全部施加在同一個人身上

之所以請求協助而成為對方的負擔，通常是因為「完全依賴某一個人」。因此，提出協助請求時，請以人際關係的同心圓為中心，及其周邊的複數人選，把你的重擔、請求分攤給「多人」而非「一人」。換言之，關鍵在於請求協助時，不要只局限單一人，而是向多人請求協助。

讀完以上步驟後感覺如何呢？知道有人能讓你向他說出「幫幫我」、有你能夠開口請求協助的人，是不是多少減輕你的痛苦了呢？記得，你可以依賴別人，也可以請求協助，開口要求「幫幫忙」完全無妨。

POINT

向多人請求協助而非單一人，就不會有太多的負擔感。

● 請在「人際關係同心圓」中，依親疏遠近寫下你可以開口請求協助的人物清單

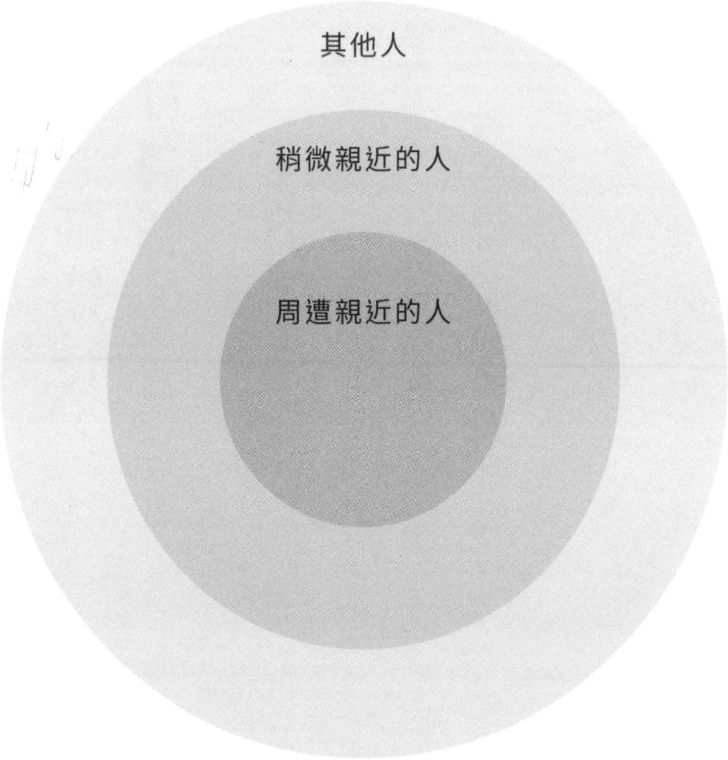

幸福不是一種期待，而是一種覺悟

如果想要幸福，就別光是抱著希望，下定決心，要靠自己主動得到幸福。

有時，我會說：「不要期待『自己的幸福』比較好。」這個時候，有人可能會反問：「如果不期待『自己的幸福』，那還能得到幸福嗎？」

當然可以，只是，要是過度期待，有時候也有可能浮現「要是沒辦法幸福該怎麼辦？」的不安。為此在我看來，**幸福不是憑著期待而來，而是憑著覺悟而來。**

幸福的模式並不是只有一種，而有無數種。

例如，期望走在喜愛音樂的道路上，能夠變得幸福，但即使最終未能踏上音樂的道路，也不代表無法獲得幸福；期望能與現在的伴侶結婚，攜手追求幸福，但即使最終關係破裂，也不代表無法獲得幸福。

即使沒有走上期望的道路、即使失去當下的幸福，依然存在許多通往幸福道路的方法——無論如何，你都有獲得幸福的權利。

因此，請你下定決心要更幸福、要自己去追求幸福，也就是要有自己去追求幸福的決心。

從「我想要」變成「我要」

切記，不是僅僅「期待」我想變得幸福，而是「決定」我要變得幸福，如此一來，即使其中一條道路行不通、失敗了，我們還是會有信心去尋找能夠通往幸福的其他道路；要是這個方法失敗的話，就思考是否能以另一個方法試試看變得幸福。

如果你能下定決心、有了覺悟，就能夠想辦法讓自己幸福，並採取行動，這樣就可以讓自己配不配得到幸福的念頭漸漸消失，而且對於可能無法幸福的的不安，也會變得微不足道。事實上，不限於追求幸福，「自己下定決心」才是重點，好比：

不是「想要重視」，而是「決定要重視」；

不是「想要休息」，而是「決定要請假」。

下定決心把「想要」，變成積極主動的「我要」。**記得，如果有自己想要達成的目標，就下定決心去執行，變成「我要」。**

「我決定接受真實的自我。」

「我決定重視自己的身心健康。」

「覺得疲憊時，即使有困難還是要休息。」

不是停留在「期待」，而是重視「自己的決定」。

POINT

自己決定「自己想要成為的模樣」是什麼。

寫下煩躁的思緒，變成看得見的數字

任何人都無法幫你一筆抹消煩躁的心情，就算覺得好麻煩啊～也只能自己好好面對。

「他真的惹到我了」、「他說那種話讓我很不爽」，像這樣憤怒或不滿的負面情緒湧上時，絕對談不上幸福對吧？

但是，誰都無法替你啪地一下消除煩躁的心情，所以，雖然很麻煩，但也只有你自己可以去獨自面對。要是你無法弭平焦慮不安、心煩意亂的情緒，不妨寫下來梳理看看，如何？

❶ 寫下焦慮不安、心煩意亂的原因

當你回到家卻莫名地感到煩躁時，請試著寫下可能的因素，例如：「工作怎麼做都做不完」、「主管的指示莫名其妙」、「我說的話孩子都不聽」、「老是在社群媒體上抱怨的朋友很煩」、「都快累死了，家人還一直找麻煩，讓我得做更多的家事」等，只要是可能的原因都請寫下來。

❷ 分析煩心事項的類別占比

接著，寫下這些令你心煩的事項屬於什麼類別及其所占的比例。例如：工作（三成）、家人（四成）、身體狀況（四成）、社群媒體（一成）等，大概就好，總之把事項數字化。

❸ 思考具體的解決對策

最後，依照能否應對來分類，並針對能應對的事項，思考具體的解決對策，比如：

- 工作做不完↓重新調整行事曆；切割成細項，再一一著手處理。
- 小孩不聽話↓思考其中因素；接受孩子原本就不會完全照父母的期望行事。

- 老是在社群媒體上抱怨的朋友很煩↓暫時不看社群媒體；把朋友的發文通知設定靜音。
- 都快累死了，家人還一直找麻煩，讓我得做更多的家事↓家務方面偷個懶；說不定家人根本沒注意到，坦率地請求「幫幫忙」；告訴他們你很累，想休息；以照護自己的身體為優先。

如何？有沒有發現具體去思考解決方法之後，多少減輕一些內心的煩躁了呢？處理煩躁的情緒確實不是簡單的事，但若是能在自己做得到的範圍設法應對，生活就會容易得多。

POINT

一一寫下感到煩躁的事情，再思考具體的解決方法。

先設想答案，就能克服對未知的不安

不安，是一種因為有太多的「未知」而湧現的情緒；當小小的不安出現時，不需要過度在意。

不安，也是一種難以處理的情緒。不安的情緒有大有小，從對將來茫然徬徨的巨大不安，到煩惱家裡的門有沒有確實上鎖等這樣小小的不安，應有盡有。

首先，我要說的是面對小小的不安，不需要過度在意。當然，我明白即使是小小的不安，一旦浮上心頭，就難免會受到牽絆。

比方說，出門之後總擔心著家裡的門有沒有確實上鎖，我想，任何人都應該有過類似這樣的經驗，這就算是一種小小的不安。

然而當這種情況變成每天都要回家重新確認好幾次，就是一種強迫症，是需要接受治療。不過，如果擔心家裡的門有沒有上鎖，而只是回家確認一次，就沒有必要太在意。與此相對，一旦開始懷疑自己的舉止是不是怪怪的，就會開始十分在意，更加擔心門是否有鎖好，所以抱著「誰都會有這種狀況」看清釋懷，就顯得格外重要。

減少未知的感覺，就能降低不安

但是，如果是「對將來的茫然」這般巨大的不安，就不是一句「不要放在心上」可以解決的。面對這種巨大的不安，首先，我希望你能理解的是：不安，是一種因為有太多的未知而湧現的情緒。讓我以初到新職場的不安感覺為例，詳細說明。

「會不會和上司處不來？」、「會不會無法達到公司期待的績效？」、「我受得了每天上班擁擠的電車嗎？」你不安的感覺，是否就像上述這樣呢？有沒有發現，這些困擾其實都來自於一切都是未知——**因為「不知道」所以會感到不安。**

反之，如果「知道」的話，就能設法採取因應對策，也就不會感到不安了。當然，要是無論如何都覺得討厭的話，也可以辭職換工作，完全沒有問題。總之，因為不安是源於未知，所以懂得降低未知的事項，就顯得十分重要。所以，不妨試著先把可能發生的問題寫下來，再冷靜地整理問題點、思考應對方式。以上面的例子來說：

- 「會不會和上司處不來？」↓沒見面未可知，現在煩惱無濟於事。
- 「會不會無法達到公司期待的績效？」↓沒有實際去做就不會知道，更何況也不知道對方是否抱著期待，所以不必去想也沒關係。
- 「我受得了每天上班擁擠的電車嗎？」↓搭早班電車避開尖峰時間。

只要能像這樣整理出某種程度的應對方式，就能減少未知事項，如此一來不安的感覺應該也會大幅減少了。

POINT

摧毀未知，不安的感覺就能減少。

可以有情緒，但一定要懂得控制

「憤怒的情緒」本身並不是件壞事，但要和「憤怒的表現」分開來思考。

發脾氣是件令人討厭的事對吧？因為煩躁而口不擇言，以致和對方發生衝突令人厭煩，但因此就什麼都不說、一個人生悶氣也讓人感到相當不愉快。

以我個人來說，當我值班到天亮、疲憊的時候，一點小事就會讓我心浮氣躁。雖然我希望自己可以控制這種情緒，但遇到疲乏倦怠或飢腸轆轆的時候，就很難控制好情緒。

但我認為「憤怒的情緒」本身並不是一件壞事。

憤怒有時會被說是「心理痛覺」。如果持續挨揍卻毫無痛覺，身體就會遭受損傷，不是嗎？心理也一樣，如果沒有憤怒的心理痛覺，那麼，一直被他人說了過分的言語，卻沒有察覺內心早已受傷，就很有可能到了某天之後，心靈就傷痕累累了。

由此可見，**憤怒是守護心理健全的必要情緒，關鍵在於如何表現憤**

怒。因為怒火中燒而對同事口出惡言；因為火冒三丈而動手打小孩，如此一來就會造成問題不是嗎？與對方的關係，或是他人對自己的信任都將因此產生裂痕。

「憤怒的情緒」本身是必要的情感，但直接發洩在他人身上就會造成問題。為此，當你想要直接發洩在別人身上前，希望你可以稍稍試著冷靜片刻面對。這種時候，最重要的是將「憤怒的情緒」和「憤怒的表現」區分開來。

舉例來說，部下沒有處理好你交辦的工作，出現「怎麼還沒處理好」的憤怒情緒是人之常情。但是，如果你在職場上暴跳如雷，怒罵「到現在還沒處理好？你到底在搞什麼！」這樣的憤怒表現，就非常不恰當。所以遇到這樣的情況時，有辦法先讓自己冷靜片刻就顯得十分重要。

那麼，該怎麼做呢？

一味壓抑憤怒，只會讓心靈傷痕累累

面對需要冷靜片刻的情況時，不妨試試看以下我提供的幾種方法：

- 覺得煩躁時，在心中默數六秒。
- 覺得火大時，先喝個水。
- 先決定好哪些可以讓你冷靜片刻的詞語，比如：「慢慢來」、「沒關係」等。
- 當覺得火冒三丈時，為了冷靜立刻離開現場。

當然除了這些，還有其他能在勃然大怒時冷靜下來的方法。無論如何，只要能片刻冷靜，就能看清自己當下的狀況。

當你心平氣和之後，才能思考自己為什麼會生氣，如此方能更客觀地思考其中的理由，例如：

- 我還以為工作已經完成了，十分驚訝。
- 要是沒在期限以前完成工作，會很麻煩。
- 部下不把工作當一回事，覺得被小看了。

你就能像這樣，覺察內心種種不同的情緒。

當自己的心情在某種程度上整理過了之後，便能再進一步思考「我該如何表現」。舉例來說，你或許可以心平氣和地告訴部下：「我很訝異你工作還沒完成。如果現在開始處理，你覺得可以在什麼時候處理完呢？」又或是「沒在期限以前完成工作，真的會很麻煩……，明天十二點一定要提交給客戶，所以看看是否能拜託〇〇幫忙？」等其他解決方案。

記得，即使內心湧現憤怒的情緒，這也是無可奈何的事，所以就接受它吧！最重要的是懂得稍微冷靜片刻、整理自己的情緒，並思考該如何表現出這種憤怒的情緒，以解決問題。

總之，**「憤怒的情緒」與「憤怒的表現」是兩回事**——希望你能牢記這件事。

POINT

覺得怒不可遏時，先冷靜片刻，千萬別做任何行動或決定。

瓜熟就會蒂落，無須過度擔憂

對更多事情抱持隨遇而安的態度，心就能產生更多「餘裕」了。

對於同一件事，覺得「完蛋了」或是能夠「隨遇而安」，會使幸福感發生改變。

比方說，當睡過頭、上班遲到了，這時，有人可能因此心情一片愁雲慘霧，擔心著主管對準時上班超級嚴格，一定會被罵到狗血淋頭；心想有沒有什麼好藉口？要是說睡過頭就糟了，就說是電車誤點吧？但這個網路一查就會露出馬腳……等。但也有人可能想得很開，能夠隨遇而安。

在我看來，容易感到幸福的人，多半都是能迅速想得開的人，所以不妨把隨遇而安的守備範圍擴大一點。當你能擴大隨遇而安的守備範圍，就能活得從容自在。

以剛剛的例子來說，總是悲觀、覺得愁雲慘霧的人，可能一整個上午都會聾罩在自己當著所有同事的面前被罵慘，感覺很丟臉的低落心情中，因而不斷出錯；與此相對，能夠隨遇而安的人，應該可以迅速切換成為了挽回遲到的失敗、而俐落的進行工作吧！因為這些人在心情上，能夠產生餘裕。

那麼，該如何擴大隨遇而安的守備範圍呢？提高個人「可掌握度」和「可處理度」的能力，是一個有效的方法。

以準備七十分為及格的考試為例，有人會擔心不及格而拚命用功讀書，有人則是為了想考滿分、直到考試前一天都用了大量的時間準備，後者，幾乎可以說浪費過多時間的不斷努力。

與此相對，也有人只是大致地用功到某種程度，懷著餘裕去參加考試，在我看來，這可以說是能掌握要領的人；像這樣能掌握要領的人，就是「可掌握度」及「可處理度」很強的人。

其實已經「水到渠成」很多次了，只是你忘記了

所謂的「可掌握度」，是掌握自己置身的狀況，能夠預測接下來可能發生的狀況。由於能夠掌握當下的狀況，並預測接下來發生的事，如此一來，隨遇而安的守備範圍自然而然就能擴大。

若「可掌握度」的能力很強，就能大致掌握自己目前的能力及狀況，例如「我已經努力到這個程度了，這次的考試應該可以過關吧？」此外，也能看清大局，能夠預測往後的情況，好比「也許沒辦法考滿分，但八、九十分應該沒問題，不必擔心不及格」。

至於「可處理度」則是感受「事情必然有辦法解決」的思考模式，亦即：具有親自處理問題的自信。

若「可處理度」的能力很強，就可以避免讓「怎麼辦？」、「完了！我一定要再多用讀一點才行」等多餘的想法或不安占據腦海，甚至能用「以往這個程度的問題我都會，這個考試我絕對沒問題」來思考，如此一來無論面對什麼樣的考試，自然都能產生船到橋頭自然直的想法。更重要的，還可以減輕焦慮感，有以適度的用功就能通過考試的自信。

當然，像這樣靠自己去培養「可掌握度」及「可處理度」，某種程度上或許有點困難。不過，光是知道「有這樣的感覺」，我想，人生應該就會不一樣了。

事實上，「可掌握度」及「可處理度」，也可以藉由過去自然而然解決問題的經驗累積來培養。

或許大家都容易忘記，**從過去到現在，發生在我們生活中的多數問題，最後都是船到橋頭自然直，只是我們不記得了。**最終，我們都平安無事的活到現在，所以今後隨遇而安也能解決多數問題，不需要太焦慮。因此，如果覺得太焦慮的時候，也可以試著先回顧過往人生中，有關「船到橋頭自然直」的記憶。

像這樣從各個不同的角度，逐漸去擴大隨遇而安的範圍吧！這麼一來，或許內心就能產生餘裕，更輕鬆自在地生活了。

POINT

提高個人「可掌握度」及「可處理度」的能力。

想像十年後的自己
如何看待現在的困難

多數的事情，我都會說「算了吧！」
因為人生不需要賣力到那種程度，
過了一百年之後，任誰都將成為塵土。

在日復一日的生活中，我們有時難免沮喪，總是著急「我不行了，怎麼都不順利」，或是忿忿不平「每天都有那麼多不做不行的事，卻沒有人願意幫我！」或是感到孤單無援「為什麼只有我這麼倒楣！好痛苦，我不想做了！」

遇到這種時候，希望你能試著從兩個不同的觀點思考看看。

第一個觀點是，是以更寬廣的角度來看待。

「這一次的確失敗了，但過去的九次都順利達成了，所以整體來說沒有問題」或是「雖然我這個部分很弱，但還有很多其他的強項」。不是只看狹窄的單一局部，而是稍微保持距離，以俯瞰的角度來檢視自己。

能夠以這個寬闊的角度來看事情，眼前發生的事情就有可能變得無足輕重，可以更輕鬆地看待。

另一個觀點，則是以較長的時間軸來看待。

雖然站在「現在」的觀點，會覺得眼前發生的事情是重大事件，但若從十年後來思考，這件事還這麼重要嗎？換句話說，請想想看，十年之後，這件事是否還會留下影響呢？

以我來說，回想十年前高中時期發生的事情，高中時覺得是天大的事，然而對現在來說，毫無影響，甚至可能完全不記得當時把它視為天大的事。因此，十年後重新來看眼前的問題，一定也是同樣的狀況吧？

另外，把時間軸拉到十年後的做法，也可以運用在其他事項上，例如：「十年後的自己來看，會希望怎麼做？」

人們常說「希望回到過去」，「要是能回到過去重來一次……」，但是，若從十年後來看，「現在」不就是「想回到的過去」嗎？既然如此，十年後的自己會想做的事，現在就試著去做看看，如何？換句話說，就是轉換成優先去做十年後的自己想做的事情。

百年之後回首，討厭的事情都會成為雲煙

再把時間軸拉得更長，也有從一百年後來看的觀點。一百年後，現在，在這裡活著說著話的人，都已經化為灰燼了。

雖然我常說「算了吧」，但其實真的這樣也好，因為絕大部分的事情都是如此。人生不需要事事卯足全力，百年後，現在的人們都已化為塵土。這麼一想，似乎就不至於會受那些可有可無的事情和討厭的人擺布，從而能夠活出真實的自我，盡情去做想做的事。記得：

你只需為了你自己而活。

不需要被某個人擺布、搾取，請儘管這樣反覆地告訴自己。

你只需為了你自己而活。

不上傳網路美照、不夠完美，但你依然每天努力活著。

是時候，差不多該接受自己就是一個不夠出色的普通人了。然後，慰勉這樣的自己、取悅自己、對自己溫柔一點。

你在顧慮旁人的想法嗎？現在就拋開這些顧慮吧！因為你的人生訴說的是你獨一無二的故事，沒有人可以取代或決定。

POINT

人生在世，很多事情都能以「算了、無所謂」的態度面對。

討好自己就夠了：不是逃避，而是重新定義。日本超人氣身心科暖男醫生的 48 則鬆弛感生活處方 / 藤野智哉著；卓惠娟翻譯 . -- 初版 . -- 新北市：幸福文化出版：遠足文化事業股份有限公司發行，2024.05
面； 公分
ISBN 978-626-7427-35-4(平裝)

1.CST: 自我實現 2.CST: 生活指導

177.2 113003060

富能量 096

討好自己就夠了

不是逃避，而是重新定義。日本超人氣身心科暖男醫生的 48 則鬆弛感生活處方

作者：藤野智哉
譯者：卓惠娟
責任編輯：賴秉薇
協力編輯：周書宇
內文設計、排版：周書宇
封面設計：木木 Lin

總編輯：林麗文
副總編輯：賴秉薇、蕭歆儀
主編：高佩琳、林宥彤
執行編輯：林靜莉
行銷總監：祝子慧
行銷經理：林彥伶

出版：幸福文化／遠足文化事業股份有限公司
地址：231 新北市新店區民權路 108-3 號 8 樓
FB 粉絲團：https://www.facebook.com/happinessbookrep/
電話：(02) 2218-1417
傳真：(02) 2218-8057

發行：遠足文化事業股份有限公司
(讀書共和國出版集團)
地址：231 新北市新店區民權路 108-2 號 9 樓
電話：(02) 2218-1417
傳真：(02) 2218-1142
電郵：service@bookrep.com.tw
郵撥帳號：19504465
客服電話：0800-221-029
網址：www.bookrep.com.tw

法律顧問：華洋法律事務所蘇文生律師
印刷：中原造像股份有限公司
電話：(02) 2226-9120

初版一刷：2024 年 5 月
初版十刷：2025 年 10 月
定價：380 元

Printed in Taiwan

讀者回函卡

感謝您購買本公司出版的書籍，您的建議就是幸福文化前進的原動力。請撥冗填寫此卡，我們將不定期提供您最新的出版訊息與優惠活動。您的支持與鼓勵，將使我們更加努力製作出更好的作品。

讀者資料

●姓名：________ ● 性別：☐男 ☐女 ●出生年月日：民國____年____月____日

●E-mail：________

●地址：☐☐☐☐☐ ________

●電話：________ 手機：________ 傳真：________

●職業：☐學生 ☐生產、製造 ☐金融、商業 ☐傳播、廣告
☐軍人、公務 ☐教育、文化 ☐旅遊、運輸 ☐醫療、保健
☐仲介、服務 ☐自由、家管 ☐其他

購書資料

1. 您如何購買本書？☐一般書店（ 縣市 書店）
☐網路書店（ 書店） ☐量販店 ☐郵購 ☐其他
2. 您從何處知道本書？☐一般書店 ☐網路書店（ 書店） ☐量販店 ☐報紙☐廣播 ☐電視 ☐朋友推薦 ☐其他
3. 您購買本書的原因？☐喜歡作者 ☐對內容感興趣 ☐工作需要 ☐其他
4. 您對本書的評價：（請填代號 1. 非常滿意 2. 滿意 3. 尚可 4. 待改進）
☐定價 ☐內容 ☐版面編排 ☐印刷 ☐整體評價
5. 您的閱讀習慣：☐生活風格 ☐休閒旅遊 ☐健康醫療 ☐美容造型 ☐兩性
☐文史哲 ☐藝術 ☐百科 ☐圖鑑 ☐其他
6. 您是否願意加入幸福文化 Facebook：☐是 ☐否
7. 您最喜歡作者在本書中的哪一個單元：________
8. 您對本書或本公司的建議：________

請沿虛線剪下，黏貼好後，直接投入郵筒寄回

廣　告　回　信
臺灣北區郵政管理局登記證
第　1 4 4 3 7　號

請直接投郵，郵資由本公司負擔

23141

新北市新店區民權路 108-3 號 8 樓

遠足文化事業股份有限公司　收

「誰かのため」に生きすぎない

精神科医が教える力を抜いて生きるコツ

藤野智哉——著

卓惠娟——譯

討好自己就夠了

幸福文化　書名　討好自己就夠了　富能量 096